实现中国梦必须弘扬中国精神。这就是以爱国主义为核心的民族精神,以改革创新为核心的时代精神。这种精神是凝心聚力的兴国之魂、强国之魂。

红色经典里的
中国精神

中国科学技术协会 组编

中国科学技术出版社
·北京·

编委会

主　　任：周　琪

副 主 任：颜　实

委　　员：（按姓氏笔画排序）

　　　　　刘嘉麒　孙　哲　李　宁　张　闯
　　　　　周　琪　周忠和　董　宽　颜　实

统　　稿：郑洪炜　刘　博　尚　町　丁　蓓

审　　订：董　宽　孙　哲

有声读物创作组

艺术顾问：刘纪宏

策划统筹：郑贤兰

项目执行：九紫云创

播音指导：郑贤兰　崔海涛

朗 读 者：（按姓氏笔画排序）

　　　　　闪万成　曲敬国　刘纪宏　陆　洋
　　　　　陈　亮　虹　云　海　涛　雅　坤
　　　　　温玉娟　嘉　华　臧金生

支持单位

（按汉语拼音排序）

北京大学王选计算机研究所王选纪念室
北京茅以升科技教育基金会
广东省钟南山医学基金会
海军军医大学东方肝胆外科医院
河北农业大学
华南农业大学
吉林大学地球探测科学与技术学院
孔繁森同志纪念馆
聊城市孔繁森精神教学基地服务中心
平顺县西沟乡西沟村民委员会
塞罕坝展览馆
西安交通大学交大西迁博物馆
深圳市南山区蛇口社区基金会
徐工集团工程机械股份有限公司
徐州工程机械集团有限公司
云南吴征镒科学基金会
中国科学院电工研究所
中国科学院高能物理研究所
中国科学院力学研究所
中国科学院上海药物研究所
中国空间技术研究院
中国载人航天工程办公室

序

一个民族的复兴需要强大的物质力量,更需要强大的精神力量。党的十八大以来,习近平总书记首先提出了"中国精神"的概念,并把它与中国梦紧密相连:

实现中国梦必须弘扬中国精神。这就是以爱国主义为核心的民族精神,以改革创新为核心的时代精神。这种精神是凝心聚力的兴国之魂、强国之魂。

在民族复兴、强国建设奋斗历程中,红色基因代代相传,树立起一座座不朽的精神丰碑。《红色经典里的中国精神》带领我们追寻百余年来几代中国革命者、建设者前行的足迹,叩启他们在各个历史时期的经典作品,走进他们的时代,走进中国从站起来、富起来到强起来的恢宏史诗,走进中华民族的精神家园。

"以青春之我,创建青春之家庭,青春之国家,青春之民族,青春之人类,青春之地球,青春之宇宙!"百余年前,中国共产党的先驱发出振聋发聩的呐喊。

"科学精神者何?求真理是已!"倡导"德先生""赛先生"的中国近代科学家,让"科学精神"一词首次出现在汉语中。

"未惜头颅新故国,甘将热血沃中华。白山黑水除敌寇,笑看旌旗红似花。"民族危难之际,无数中华儿女舍家纾难,奔赴战场。

"无一日、一时、一刻不思归国参加伟大的建设高潮。"新中国诞生伊始,大批海外学者冲破重重阻挠,辗转回到祖国的怀抱。

"一个人的名字,早晚是要消失的。"那些把姓名尘封于茫茫戈壁的"两弹一星"元勋和万千无名英雄,以这样一句淡然话语,道出"干惊天动地事,做隐姓埋名人"的家国情怀。

"有条件要上,没有条件创造条件也要上!"大庆"铁人"、塞罕坝务林人、"两路"筑路人、红旗渠人和无数新中国建设者，喊出"敢叫日月换新天"的豪迈气概。

"现代化是买不来的。"中国迎来改革开放这场"第二次革命"，她的建设者在拥抱世界的同时，也深刻认识到要把"卡脖子"技术牢牢掌握在自己手里。

"社会主义是干出来的。"微光成炬，在平凡岗位创造非凡成绩的劳动者，以实际行动对劳模精神、劳动精神、工匠精神做出最好诠释。

"把我变成了农民，把农民变成了'我'。"为实现全面小康而奋斗的前行者，勠力同心赢得脱贫攻坚的伟大胜利。

"人民至上，生命至上。"在新冠肺炎疫情这场大自然对人类的大考面前，党领导全国人民创造了人类同疾病斗争史上又一个彪炳史册的英勇壮举。

"中国人就是将'不可能'变成了'可能'！"在建设航天强国的征途上，五星红旗的中国红一次次点亮浩渺太空。

"让杂交水稻覆盖全球。"在"一带一路"沿线国家，"和平合作、开放包容、互学互鉴、互利共赢"的丝路精神孕育的文化精品、科技成果惠及世界人民。

经典不朽，精神永存。这些镌刻在时代史书上的文字，蕴含着力透纸背的家国情怀和穿越时空的精神力量，是新征程上催人奋进的号角、激扬士气的战鼓，激励中华儿女踔厉奋发、勇毅前行，继续谱写中华民族伟大复兴恢宏昂扬的华彩篇章！

中国科学院院士

2025 年 1 月

目录
CONTENTS

第一章　梦想起航

青　春 ……………………………… 李大钊 / 004

科学精神论 ……………………………… 任鸿隽 / 006

滨江述怀 ……………………………… 赵一曼 / 008

别钱塘三首 ……………………………… 茅以升 / 010

求是精神与牺牲精神 ……………………… 竺可桢 / 014

长征日记 ………………………………… 吴征镒 / 016

和朱总司令游南泥湾 …………………… 吴玉章 / 020

我们也有一面五星红旗 ………………… 罗广斌 / 022

第二章　中流击水

给留美同学的一封公开信 ………… 朱光亚 / 028
致陈叔通先生 ………… 钱学森 / 030
艰辛的岁月，时代的使命 ………… 于　敏 / 036
写给母亲的信 ………… 黄继光 / 042
如果你是一滴水 ………… 雷　锋 / 044
有也上，无也上 ………… 王进喜 / 046
用青春成就绿色梦想 ………… 陈彦娴 / 048
给女儿的信 ………… 孔繁森 / 050
对国家的忠就是对父母最大的孝 …… 黄旭华 / 052
一生一事 ………… 顾方舟 / 056

第三章　伟大变革

念奴娇·登微波楼	袁　庚	/ 064
科学的春天	郭沫若	/ 066
科技顶天，市场立地	王　选	/ 068
现代化是买不来的	金怡濂	/ 070
我为什么要在这个时候入党	严济慈	/ 072
把青春献给社会主义祖国	卢永根	/ 074
坚定信仰，实现梦想	杨利伟	/ 078
建大国重器从打好螺丝钉开始	孟　维	/ 084
人生的价值在哪里	吴孟超	/ 086
如果再给我一次选择的机会	黄大年	/ 088

第四章　崭新擘画

人民代表就要代表人民的利益………… 申纪兰 / 096

呈公主殿下书 ………………………… 余永流 / 100

用农民的语言和他们交谈 …………… 李保国 / 102

人民至上，生命至上 ………………… 钟南山 / 106

我的中国梦 …………………………… 师昌绪 / 110

为国为民为科学 ……………………… 曾庆存 / 114

来自太空的召唤 ……………………… 南仁东 / 116

当好一块"平凡的砖瓦" ……………… 谢家麟 / 120

给女儿的一封信 ……………………… 王逸平 / 122

你经历的每一天，都是只属于你的风景

　　 …………………………………… 陈　冬 / 124

中国人将"不可能"变成了"可能"

　　 …………………………………… 孙家栋 / 128

让杂交水稻覆盖全球 ………………… 袁隆平 / 132

附　录　中国精神

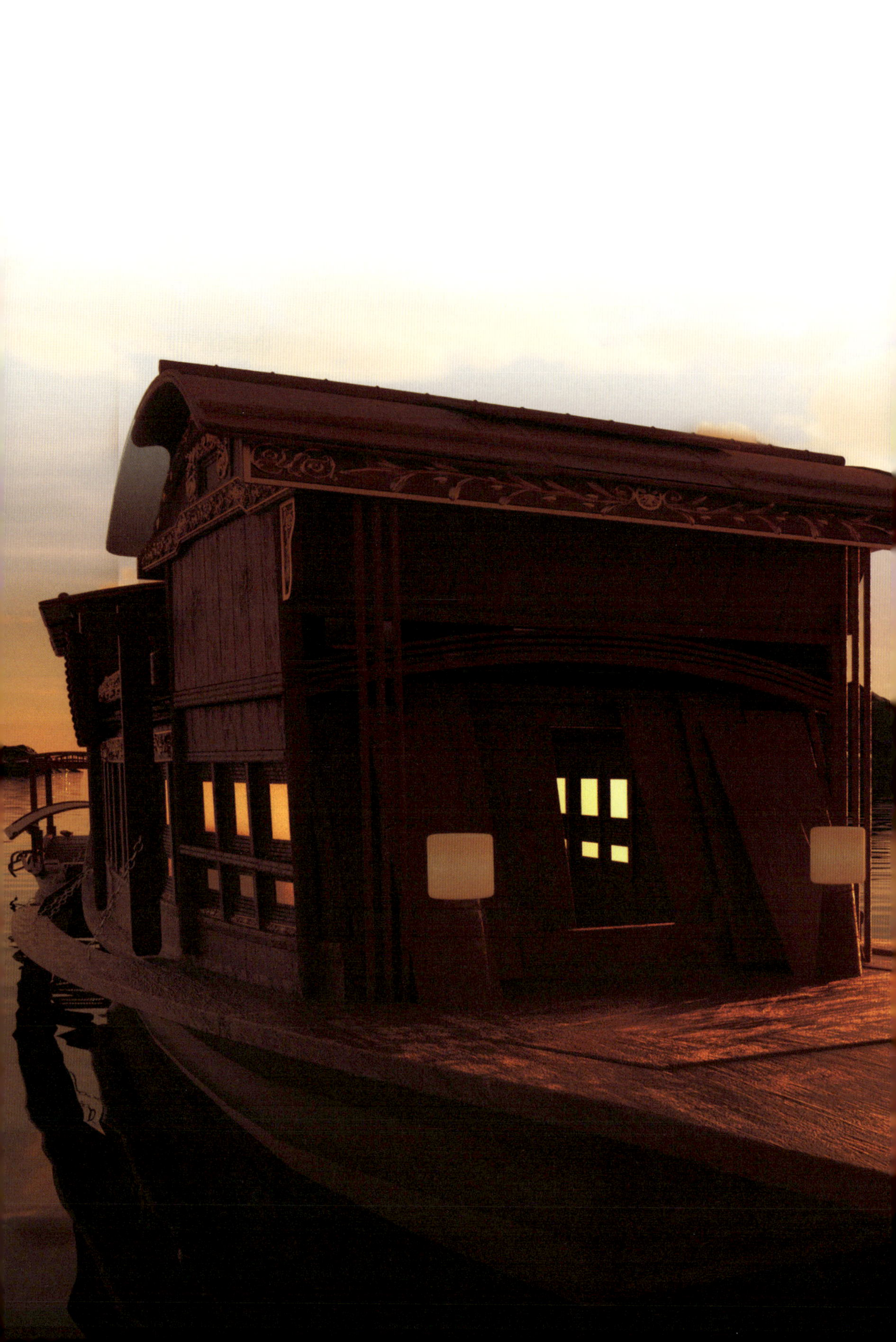

第一章 梦想起航

红色经典里的 *中国精神*

　　1840年，鸦片战争爆发。这场持续了两年多的战争，以中国近代史上第一个不平等条约——《南京条约》的签订而宣告结束。近代中国半殖民地半封建社会的屈辱历史由此开启，人为刀俎，我为鱼肉，中国成为列强环伺、蚕食的猎物。

　　"世间无物抵春愁，合向苍冥一哭休。四万万人齐下泪，天涯何处是神州。"谭嗣同的这首七绝诗，道尽了家国倾覆、民族沦亡的悲怆。中国近代史的书页上，记录着无数仁人志士前赴后继探求救国之路的足迹，也定格下他们或孤寂落寞或慷慨赴死的背影。

　　救亡图存的希望在哪里？民族复兴的路在何方？

　　中国共产党的先驱们用坚定的声音发出对未来中国的呼唤："冲决历史之桎梏，涤荡历史之积秽，新造民族之生命，挽回民族之青春！"南湖的红船承载着民族复兴的梦想，从山河破碎的沉沉暮霭中起航，驶向朝阳初升的崭新世纪。"坚持真理、坚守理想，践行初心、担当使命，不怕牺牲、英勇斗争，对党忠诚、不负人民"的伟大建党精神，点亮一代代中国人接续奋斗的精神灯塔，指引前进方向，照耀复兴征程！

　　井冈山上，党领导创建的第一个农村革命根据地，燃起"农村包围城市、武装夺取政权"的星星之火。

　　红色苏区，"苏区干部好作风，自带干粮去办公，日着草鞋干革命，夜打灯笼访贫农"的山歌传唱至今。

　　万里长征，红军跨越的是雪山、草地、娄山关、腊子口，留下的是即便只有一条被子也要剪下半条分给老百姓的鱼水

第一章　梦想起航

情长。

遵义会议，"坚定信念、实事求是、独立自主、敢闯新路、民主团结"的精神烛照征程。

宝塔山下、延河岸边，革命圣地延安孕育中国革命力量成为胜利之本、兴国之光。

抗战烽火中，中国人民向世界展示了天下兴亡、匹夫有责的爱国情怀，视死如归、宁死不屈的民族气节，不畏强暴、血战到底的英雄气概，百折不挠、坚忍不拔的必胜信念。

浴血红岩，"三九严寒何所惧，一片丹心向阳开"。共产党人的红色精神，傲风斗雪，历久弥坚。

"赶考"路上，"谦虚谨慎、艰苦奋斗、敢于斗争、敢于胜利、依靠群众、团结统一"的西柏坡精神，使我们的党永远不变质、我们的红色江山永远不变色。

峥嵘照金，巍峨太行，抗联战士浴血奋战的白山黑水，张思德默默奉献的平凡岗位，南泥湾、大别山、沂蒙山……见证一段段光辉岁月，树起一座座精神丰碑。

中国的新民主主义革命迎来胜利的曙光。中国共产党在"为中国人民谋幸福，为中华民族谋复兴"的征途上开启了历史的新纪元，一个崭新的中国傲然屹立在世界的东方！

红色经典里的 中国精神

青 春[1]

李大钊

  青年循蹈乎此,本其理性,加以努力,进前而勿顾后,背黑暗而向光明,为世界进文明,为人类造幸福,以青春之我,创建青春之家庭,青春之国家,青春之民族,青春之人类,青春之地球,青春之宇宙,资以乐其无涯之生!

---

[1] 本书对所收录文章做了节选,对译名用法进行了统一,下同。

第一章　梦想起航

1913 年，24 岁的李大钊踏上东渡日本留学的旅程。他像那个时代许多胸怀报国之志的青年学子一样，希望汲取当时世界先进国家的经验，探索中国救亡图存之路。

1916 年春，李大钊在日本写下激情澎湃的万言长文《青春》。在文中，他从季节上的春天联想到人生的春天、国家和民族的春天，表达了再造"青春之中华"的理想。

△ 李大钊

《青春》在 1916 年 9 月 1 日出版的《新青年》第二卷第一号上刊发后，迅速以其"江流不转之精神、毅然独立之气魄"传遍大江南北，点燃无数热血青年的报国豪情。

李大钊回国后，撰写了多篇文章抨击旧礼教、旧道德，宣传民主、科学精神。俄国"十月革命"胜利后，他在《新青年》发表《布尔什维主义的胜利》《我的马克思主义观》等多篇文章，传播革命思想。

1926 年"三一八"惨案后，李大钊受到北洋政府通缉，但他一直坚持留在危机四伏的北京继续战斗。1927 年 4 月 6 日，李大钊被捕入狱。4 月 28 日，在西交民巷京师看守所内，李大钊等 20 人被判绞刑。行刑时，他第一个登上绞刑台，慷慨赴义。

李大钊的生命定格在风华正茂的 38 岁，他和无数革命先烈为之抛洒青春和热血的共产主义理想，在华夏大地生根发芽，向阳生长。"青春之中华"，生机勃发，昂扬向前！

科学精神论

任鸿隽

科学精神者何？求真理是已。真理者，绝对名词也。此之为是者，必彼之为非，非如庄子所云"此亦一是非彼亦一是非"也。真理之为物，无不在也。科学家之所知者，以事实为基，以试验为稽，以推用为表，以证验为决，而无所容心于已成之教，前人之言。又不特无容心已也，苟已成之教，前人之言，有与吾所见之真理相背者，则虽艰难其身，赴汤蹈火以与之战，至死而不悔，若是者吾谓之科学精神。

言及科学精神，有不可不具之二要素。

（一）崇实。吾所谓实者，凡立一说，当根据事实，归纳群象，而不以称诵陈言，凭虚构造为能。

（二）贵确。吾所谓确，凡事当尽其详细底蕴，而不以模棱无畔岸之言自了是也。人欲得真确之智识者，不可无真确之观察。然非其人精明睿虑，好学不倦，即真确之观察亦无由得。

要之，神州学术，不明鬼神，本无与科学不容之处。而学子暖姝[1]，思想锢蔽，乃为科学前途之大患。精神所至，蔚成风气；风气所趋，强于宗教。吾国言科学者，岂可以神州本无宗教之障害，而遂于精神之事漠然无与于心哉。

---

[1] 暖姝：自得、自满。

第一章　梦想起航

1915年1月,《科学》杂志创刊。在其发刊词中开宗明义地写道:"世界强国,其民权国力之发展,必与其学术思想之进步为平行线。"这是中国知识分子在近代思想史上,首次明确提出将"民主"与"科学"作为改造中国社会的两大武器。

《科学》创刊后八个月,《青年杂志》创刊,从第二卷起更名为《新青年》。陈独秀在《青年杂志》创刊号中写道:"国人而欲脱蒙昧时代,羞为浅化之民也,则急起直追,当以科学与人权并重。"《科学》与《新青年》迅速成为新学说的传播者与新思想的策源地。自此,在"德先生""赛先生"旗帜的引领下,新文化运动蓬勃开展,掀起了一股生机勃勃的思想解放潮流,为马克思主义在中国的传播和五四运动的爆发奠定了思想基础。

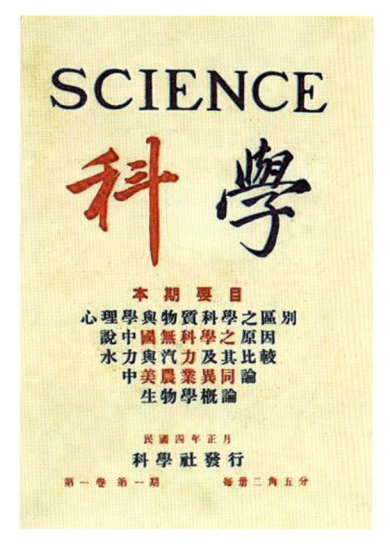

△《科学》杂志创刊号封面

1916年1月,任鸿隽的《科学精神论》作为《科学》第二卷首期的首篇文章被刊发。在此之前,不仅在中文词汇中没有"科学精神"一词,甚至在外文中也没有与之严格对应的词。"科学精神者何?求真理是已!"这一声宣告,伴随着1919年五四运动的爆发,激荡、回响成为广大民众的呐喊。五四运动"以全民族的行动激发了追求真理、追求进步的伟大觉醒"。

滨江述怀

赵一曼

誓志为人不为家,涉江渡海走天涯。
男儿岂是全都好,女子缘何分外差。
未惜头颅新故国,甘将热血沃中华。
白山黑水除敌寇,笑看旌旗红似花。

1931年9月18日夜,日本关东军悍然发动九一八事变。九一八事变成为中国人民抗日战争的起点,揭开了世界反法西斯战争的序幕。九一八事变后,中国共产党迅速担负起号召和领导全国人民抗日的历史责任,发出《中国共产党为日本帝国主义强暴占领东三省事件宣言》等10多个文件,率先提出建立抗日民族统一战线的主张,宣告中国人民与日本帝国主义血战到底的决心,号召民众团结

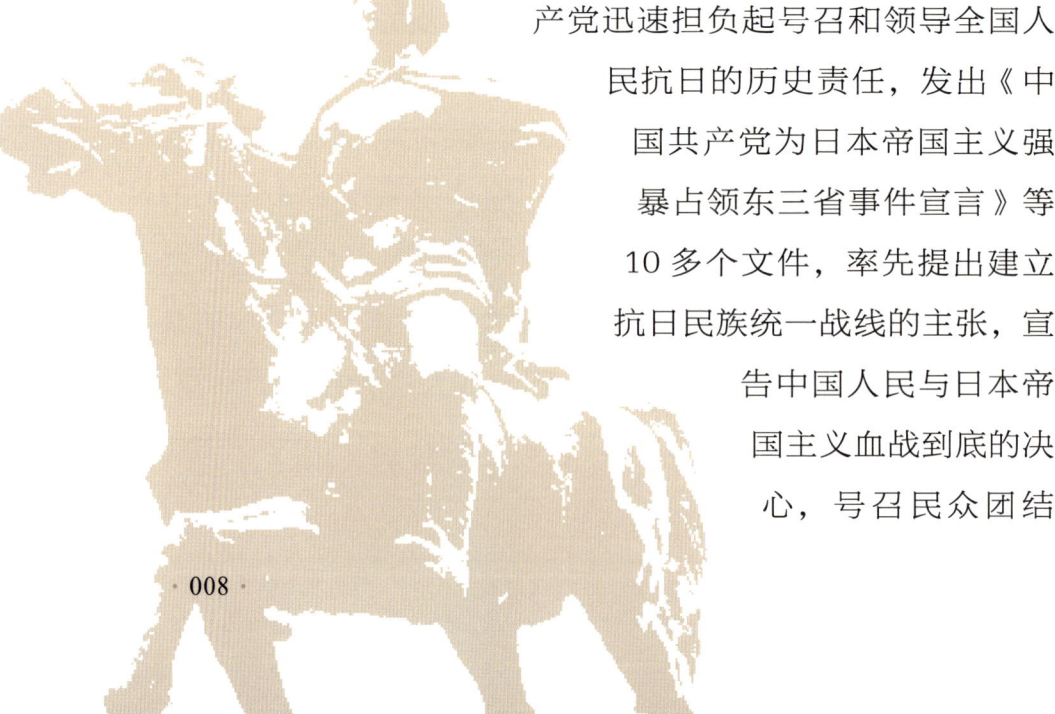

第一章 梦想起航

起来,广泛开展抗日救亡运动。

国难当头,赵一曼毅然奔赴抗日一线,而此时她的孩子尚在襁褓之中。临行前,她写下《滨江述怀》一诗,将革命豪情、巾帼气概抒发得淋漓尽致。

1931—1934 年,赵一曼在沈阳、哈尔滨等地发动抗日斗争,后担任东北抗日联军第 1 军第 1 师第 2 团政治委员。1935 年秋,赵一曼在掩护部队突围时受伤被俘。日军在她身上施用了各种酷刑,依然无法使她屈服。

△ **赵一曼和儿子的合影**

1936 年 8 月 2 日,凛然赴义的赵一曼在囚车中给年幼的儿子写下诀别信:"我最亲爱的孩子啊!母亲不用千言万语来教育你,就用实行来教育你。在你长大成人之后,希望不要忘记你的母亲是为国而牺牲的!"

赵一曼牺牲时,年仅 31 岁。足以告慰先烈的是:今日华夏,如她近百年前诗中所述——旌旗红似花!

别钱塘三首

茅以升

其 一

钱塘江上大桥横,众志成城万马奔。
突破难关八十一,惊涛投险学唐僧。

其 二

天堑茫茫连沃焦,秦皇何事不安桥。
安桥岂是干戈事,同轨同文无浪潮。

其 三

斗地风云突变色,炸桥挥泪断通途。
五行缺火真来火,不复原桥不丈夫。

14年浴血抗战,一大批中国科学家、科技工作者,义无反顾地与千千万万的国人一起共赴国难,在破碎的山河之上,为祖国的前途和民族的命运奉献出自己的智慧、热血乃至生命。茅以升就是众多共赴国难的科学家中的一员,这位著名桥梁专家主持在钱塘江上建桥、炸桥、复桥的传奇故事,成为

第一章 梦想起航

抗日战场上中国科学家所展现的家国情怀、民族气节的真实写照。

"泪水顺着父亲的眼角淌了下来。他转过身来到桌前，愤然挥笔写下了八个大字：抗战必胜，此桥必复。"这是茅玉麟回忆父亲茅以升亲手炸毁其主持修建的钱塘江大桥后的情景。

钱塘江大桥是中国第一座公路铁路两用现代大桥。1934年，在茅以升受命建造钱塘江大桥时，日寇已侵占我国东北，觊觎华北乃至全中国。茅以升在《钱塘江建桥回忆》中写道：

当"八一三"上海抗战开始时，江中正桥桥墩还有一座未完工，墩上两孔钢梁无法安装。然而燎原战火，则已迫在眉睫，整个大桥工地，已经笼罩在战时气氛之中。所有建桥员工，同仇敌忾，表示一定要使大桥早日通车，为抗战做出贡献。奋斗结果——大桥在一个半月的极短时间内居然通车了。

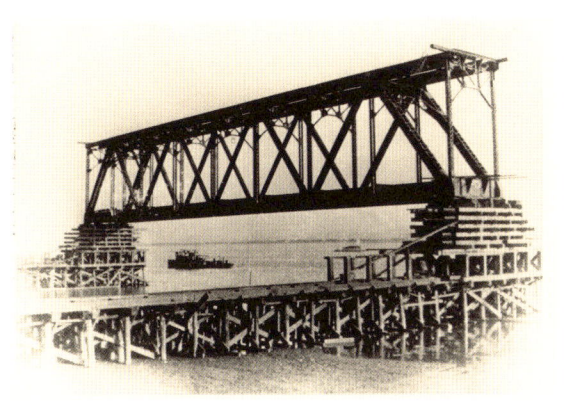

△ 用浮运法架设钱塘江大桥钢梁　　△ 从北岸引桥对面拍摄的大桥全景

红色经典里的 *中国精神*

△ 满载难民和战略物资的列车通过大桥驶向大后方　　△ 1937年12月23日，钱塘江大桥被炸断

　　1937年9月26日，钱塘江大桥铁路桥面正式开通。伴随着汽笛的长鸣，一列列满载军需物资的列车呼啸驶过钱塘江大桥支援前线。11月8日，上海失守，杭嘉湖等地的难民越来越多地涌入杭州，等待过江。11月17日，钱塘江大桥公路桥面开通，当天即有10多万名难民从大桥上通过。然而撤退的人群万万没有想到，在这座救命的大桥下面，其实已埋好了随时可以起爆的炸药。原来在11月16日下午，茅以升已做好炸毁钱塘江大桥以阻断日军南侵的准备。茅以升后来在回忆录中感慨万分地写道："公路桥公开放行的第一天，桥下就埋上了炸药，这在古今中外的桥梁史上，可算是空前的了！"

　　1937年12月23日下午5点，当最后一批难民涌过桥

第一章　梦想起航

后，已隐约可见有敌骑来到对岸桥头。望着凝聚着自己梦想与追求、智慧与汗水的钱塘江大桥，茅以升断然下达了起爆的命令。在世界桥梁史上，自己建桥自己炸，极为罕见，茅以升自述心情"就像亲手掐死自己的儿子"。他愤然写下"抗战必胜，此桥必复"八个大字，并作诗《别钱塘三首》以明志。

茅以升在当年12月31日的日记中写道："桥虽被炸，然抗战必胜，此桥必获重修，立此誓言，以待将来。"他将建桥的图纸等各种资料，装了满满14箱。此后他带着这14箱资料颠沛流离，辗转数省，像保护生命一样保护着它们。有一次他住的地方遭到敌机轰炸，房屋中弹起火，他带领工作人员冲入火海，抢出了那14箱资料。他坚信，钱塘江大桥总有一天能修复，这14箱资料一定能派上用场。

这一天终于盼来了。1945年9月2日，日本无条件投降。

1946年春，茅以升带领桥工处的工作人员和精心保护下来的14箱资料，回到了战后的杭州，开始了钱塘江大桥的修复工作。1953年6月，钱塘江大桥终于被完全修复。这座经历了抗战烽火考验的大桥又以壮美的雄姿矗立在钱塘江上，开始为新中国的建设贡献自己的力量。

红色经典里的 中国精神

求是精神与牺牲精神

竺可桢

所谓求是,不仅限为埋头读书或是实验室做实验。求是的路径,《中庸》说得最好,就是"博学之,审问之,慎思之,明辨之,笃行之"。

国家给你们的使命,就是希望你们每个人学成以后将来能在社会服务,做各界的领袖分子,使我国家能建设起来成为世界第一等强国,日本或是旁的国家再也不敢侵略我们。

你们要做将来的领袖,不仅求得了一点专门的知识就足够,必须具有清醒而富有理智的头脑,明辨是非而不徇利害的气概,深思远虑、不肯盲从的习惯,而同时还要有健全的体格,肯吃苦耐劳、牺牲自己、努力为公的精神。

中国现在的情形,很类似19世纪初期(被拿破仑灭国)的德意志。爱国志士费希特在其对德意志民众的演说中有云:"历史的教训告诉我们,没有他人,没有上帝,没有其他可能的种种力量,能够拯救我们。如果我们希望拯救,只有靠我们自己的力量。"

诸位,现在我们若要拯救我们的中华民族,亦惟有靠我们自己的力量,培养我们的力量来拯救我们的祖国。

第一章　梦想起航

　　这篇文章选自我国著名气象学家、教育家竺可桢在担任浙江大学校长时，对1939年浙江大学一年级新生的讲话。抗战期间，为保全学校、在战火中寻求一个相对安定的教学环境，竺可桢领导学校千里跋涉，四次西迁。

　　在竺可桢组织学校西迁的同一时期，他的儿子立志投笔从戎。在儿子参军前，竺可桢怀着如山的父爱于1938年1月15日写下这样的日记："希文坚欲赴中央军校。余以其眼近视，于前线带领兵士不相宜，且年过幼，而该班乙级只六个月毕业，于学识方面所得无几，故不赞同其前往……余亦不能不任希文去，但不禁泪满眶矣。"

　　国将不国，何以为家？作为父亲的竺可桢，纵有千般不舍，也要含泪送子奔赴战场。作为校长的竺可桢，在1939年对浙江大学一年级新生的讲话中，同样以"要有牺牲自己、努力为公的精神"，作为对这些"未来领袖"的诫勉。

△ 竺可桢题写的"求是精神"手迹

长征日记

吴征镒

十二时至盘江，铁索桥康熙时落成，今春三月间断坏。今只能用小划渡江。小划狭长仅容五六人，头尖尾截。桨长柄铲形，两人前后划之。乘客都须单行蹲坐舟中，两手紧紧扶舷，不得起立乱动。舟先慢行沿岸上溯，近桥时突然一转，船顺流而下势如飞鸟。将到岸时，又拨转上溯。船在中流时，最险亦最有趣，胆小者多不敢抬头。二十五里至哈马庄，山顶小村，水菜无着，时已五点，临时议宿安南。于是又走了十八里，到了小城街上，卖炒米糖泡开水的小贩被抢购一空。同学一大群如逃荒者，饥寒疲惫。

△ 1938年湘黔滇步行团途经桃源渡口，立者右起李继侗、闻一多、吴征镒

△ 步行团途经湖南沅陵丘陵地区农家

第一章　梦想起航

△ 西南联大校舍　　　　　　　　△ 西南联大校门

在抗战烽火中，有一支特殊的队伍，他们在中国的大地上，由东向西，完成了一次史诗般波澜壮阔的文化大迁徙。这次赓续中华文脉的迁徙被誉为"教育长征"，这支队伍，就是由北京大学、清华大学、南开大学合组的西南联大。

《长征日记》的作者吴征镒，是当年西迁时湘黔滇步行团教师辅导团11名成员中的一员。他在《长征日记》中记录了旅途跋涉的艰难，然而赶路却还不是步行团的唯一任务。行军途中，每个同学的背上挂着一块纸板，上面写满英文单词，供走在后面的同学学习。记住了这块纸板上单词的人，可以走到另一位同学的后面，再学另一块纸板上的单词。几十天的行军中，学生们就这样学习了几千个英文单词。

每位学生还被要求在到达昆明后写出千字以上的调查报告，因此在行军途中，师生们不放过任何一次开展教学的机会：中文系学生根据路上所见所闻，写成了《西南采风录》一书；地质学家袁复礼一路都在不停地敲石头，向学生讲述地质地貌；经过矿区时，曾昭抡和理工学院的同学指导了当地的矿工冶炼。

吴征镒沿途带领学生采集了许多植物标本，其中有很多是北大、清华和南开从未收藏过的。到达昆明后，他又和熊庆来之子熊秉信同行考察，仅围绕昆明郊区各村镇进行一个月调查，就认识到2000多种昆明植物。云南这个植物王国，令吴征镒深感震撼，从那时起，他的学术生涯与云南结下不解之缘。20年后，已经成为中国科学院学部委员的吴征镒毅然从北京举家南迁，定居昆明，出任中国科学院昆明植物研究所所长。在这里，吴征镒做出许多开创性工作，他是中国植物学家中发现和命名植物最多的一位，改变了中国植物主要由外国学者命名的历史。吴征镒荣获2007年度"国家最高科学技术奖"。

"结茅立舍、弦歌不辍"，这是今天人们在谈起西南联大时，用得最多的词汇。在建筑大师梁思成亲自设计的茅草房校舍里，西南联大师生克服了许多难以想象的困难，坚持教学育人，开展科学研究。

在滇8年，西南联大在极度艰苦的环境中鼎力治学，为国育才。从西南联大先后走出了王希季、邓稼先、朱光亚、杨嘉墀、陈芳允、赵九章、郭永怀、屠守锷8位"两弹一星"功勋奖章获得者，黄昆、刘东生、叶笃正、吴征镒、郑哲敏

第一章　梦想起航

5位"国家最高科学技术奖"获得者，175位院士，以及大批蜚声中外的杰出人才，他们成为新中国社会主义事业建设的栋梁之材。西南联大不仅在科研和学术方面走在时代前列，也被誉为"民主堡垒"，是当时大后方爱国民主运动的重要策源地。

△ 西南联大遭日机轰炸

红色经典里的**中国精神**

和朱总司令游南泥湾

吴玉章

汽车出延市,风驰达岭北。公路新筑成,迤逦登山脊。
四望众山低,殷绿连天碧。盛夏草木长,大地无空隙。
南有九龙泉,西有万花山。中心南阳府,东北金盆湾。
良田千万顷,层峦四面环。青山与绿水,美丽似江南。

1940年前后,陕甘宁边区面临最困难的时期,不仅与日寇对峙,还遭遇粮食、棉花、布匹、药品、火柴、电信器材等物资禁运,更为雪上加霜的是,陕甘宁边区连续遭受水、旱、风、雹等自然灾害的侵袭,边区物资极度匮乏。党中央及时提出"发展经济、保障供给"的总方针和"自己动手、丰衣足食"的号召,动员广大边区军民开展大生产运动。

1940年,边区政府组织多家单位联合对边区的森林资源

▽稻香门

第一章 梦想起航

做综合考察,考察报告建议开发一个叫"烂泥洼"的地方,受到中央的高度重视。随后,八路军三五九旅开进烂泥洼,开展了轰轰烈烈的大生产运动。这处烂泥洼,就是日后有"陕北好江南"之称的南泥湾。

△ 大生产运动

1942年7月,吴玉章等四位老人应朱德邀请同去南泥湾视察,被南泥湾的剧变深深触动。吴玉章写下《和朱总司令游南泥湾》一诗,表达对南泥湾屯垦成就的肯定,以及对南泥湾精神的赞扬之情。

1943年春节,延安鲁艺秧歌队来到南泥湾进行慰问演出,表演了新编的秧歌舞《挑花篮》。插曲歌词的最后一段《南泥湾》,一经演出便受到热烈欢迎。"如今的南泥湾,与往年不一般,再不是旧模样,是陕北的好江南。"脍炙人口的《南泥湾》传唱至今,"自力更生、艰苦奋斗"的南泥湾精神,也激励着后来人写下一曲曲新的奋斗篇章!

▽ 今日南泥湾

我们也有一面五星红旗

罗广斌

我们有床红色的绣花被面,把花拆掉吧,这里有剪刀。
拿黄纸剪成五颗明亮的星,贴在角上,
再找根竹竿,就是帐竿也罢!
瞧呀,这是我们的旗帜!
鲜明的旗帜,猩红的旗帜,我们用血换来的旗帜!
美丽吗?看我挥舞它吧!
别要性急,把它藏起来呀!
等解放大军来了那天,在敌人的集中营里,
我们举起大红旗,洒着自由的眼泪,一齐出去!

《我们也有一面五星红旗》创作于解放前夕的重庆,新中国成立的消息传至白公馆狱中,被关押在监狱里的革命者激动不已。罗广斌等几位革命者决定制作一面自己的五星红旗,等重庆解放的那一天,举着这面旗帜冲出牢房、迎接胜利。

狱中的革命者不知道五星红旗是什么样子,他们用红色被面做旗帜,用黄纸剪出一大四小五颗星,把大星贴在红旗的正中央,代表中国共产党,把四颗小星贴在红旗的四个角上,象

第一章 梦想起航

△ 白公馆看守所旧址　　　　　　△ 渣滓洞看守所旧址

征四万万同胞紧紧地围绕在党的周围。

1949年11月27日,国民党特务对白公馆、渣滓洞的革命者进行了集体大屠杀,300多人遇难。罗广斌等得以脱险。重庆解放后,他从牢房地板下取出这面五星红旗,并在与杨益言共同创作小说《红岩》时,刻画了狱中绣红旗的动人一幕。

众多被关押在渣滓洞、白公馆的中国共产党人,经受住种种酷刑折磨,不折不挠、宁死不屈,为中国人民解放事业献出了宝贵生命。何敬平烈士在《把牢底坐穿》中写道:"为了免除下一代的苦难,我们愿——愿把这牢底坐穿!"江竹筠烈士在给表弟谭竹安的信中,把孩子云儿托付给他,"盼教以踏着父母之足迹,以建设新中国为志,为共产主义革命事业奋斗到底"。

"红岩上红梅开,千里冰霜脚下踩,三九严寒何所惧,一片丹心向阳开!"革命先烈的崇高思想境界、坚定理想信念、巨大人格力量、浩然革命正气凝结成"红岩精神",激烈我们在新征程上战风斗雪、砥砺前行!

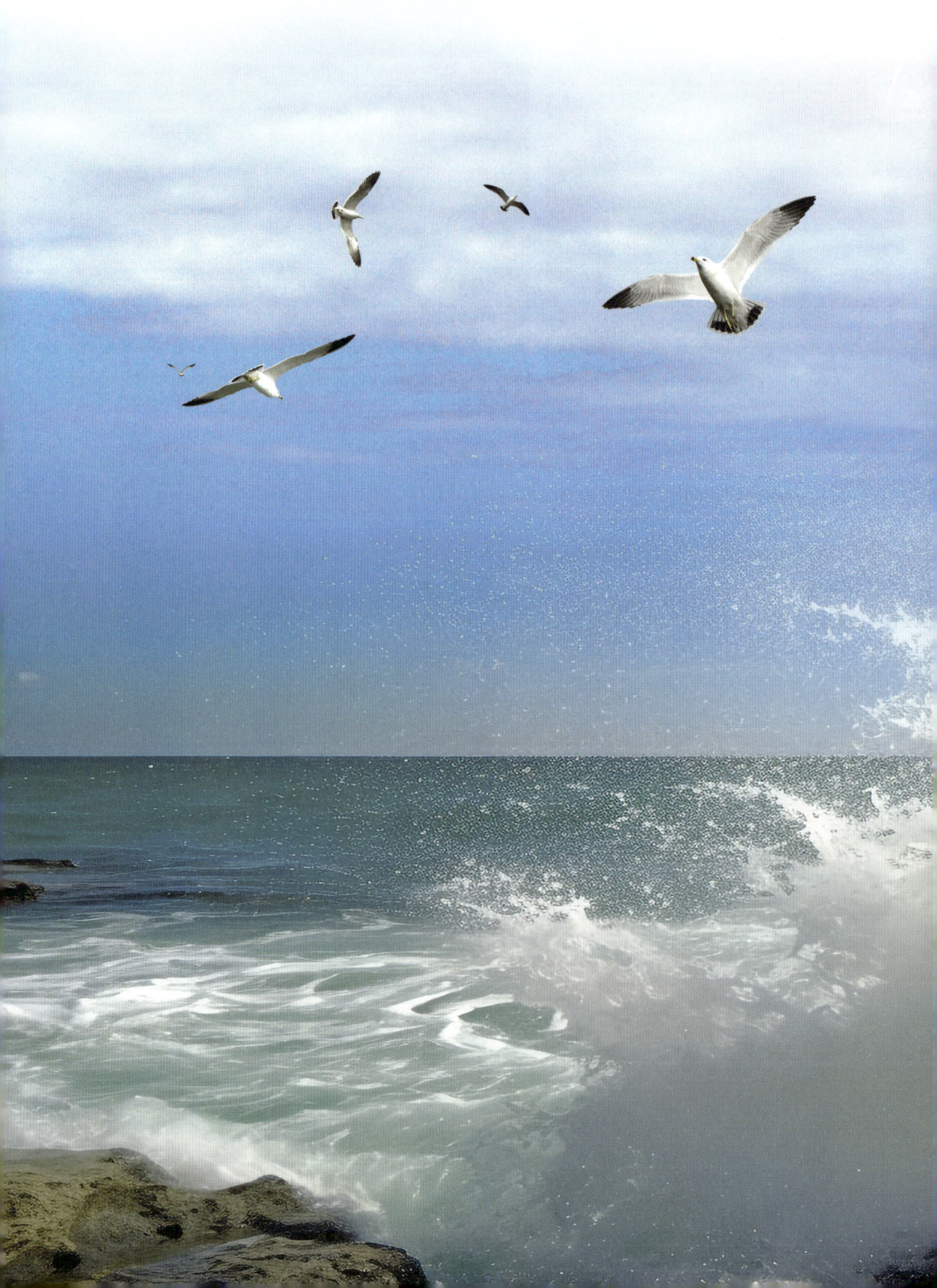

第二章 中流击水

红色经典里的中国精神

在战火中诞生的新中国，一穷二白、百业待举，面临经济上遇困难、政治上被孤立、军事上遭围攻的严峻局面。

面对帝国主义侵略者的武装挑衅，中国党和政府做出历史性抉择：抗美援朝、保家卫国。"打得一拳开，免得百拳来。"经此一战，新中国真正站稳了脚跟。抗美援朝精神丰碑，如当年"打不烂、炸不断"的钢铁运输线一样，巍然屹立，护佑山河无恙、家国安宁！

20世纪50—60年代，为了打破西方国家的核讹诈、核垄断，增强我国国防实力，保卫和平，党中央果断决定研制"两弹一星"。邓稼先等一大批科技骨干，临危受命，从此隐姓埋名奋斗在各自的岗位上。"两弹一星"伟大成就的取得，不仅打破了核讹诈的咒语，更使我国的国际地位得到极大提高。"两弹一星"精神成为中国科技工作者的精神坐标，激励几代科学人把自己的科学追求融入建设社会主义现代化国家的伟大事业中。

在社会主义革命和建设时期，党率领人民前赴后继、艰辛

第二章 中流击水

探索、重整山河、改天换地。一批又一批先进集体、英雄模范的精神之光，激励无数奋斗者汇聚磅礴力量，投入到新中国的建设事业中。

以"钉子"精神在每个平凡岗位发光发热的雷锋，"生也沙丘，死也沙丘，父老生死系"的焦裕禄，"宁肯少活二十年，拼命也要拿下大油田"的大庆"铁人"王进喜，劈开太行山修建红旗渠"誓把河山重安排"的林县人民，"向荒原进军，向荒原要粮"的北大荒农垦人，将荒原变林海的塞罕坝务林人，"让高山低头、叫河水让路"的"两路"筑路人，让"老西藏精神"绽放在雪域高原的孔繁森和一批批进藏人，"党让去哪里，背上行囊就去哪里"的西迁人，"一不怕苦、二不怕死，一心为革命，永远跟着党"的王杰……

"为有牺牲多壮志，敢教日月换新天。"新中国保卫者、建设者为捍卫和平、建设国家所做出的奉献彪炳史册，他们的精神力量成为新中国奋斗者坚定社会主义必胜信念、改变贫穷落后面貌、建设富强民主国家的强大动力。

给留美同学的一封公开信

朱光亚

同学们：

是我们回国参加祖国建设工作的时候了。祖国的建设急迫地需要我们！人民政府已经一而再再而三地大声召唤我们，北京电台也发出了号召同学回国的呼声。同学们，祖国的父老们对我们寄存了无限的希望，我们还有什么犹豫的呢？还有什么可以迟疑的呢？我们还在这里彷徨做什么？

同学们，我们都是在中国长大的，我们受了20多年的教育，自己不曾种过一粒米，不曾挖过一块煤。我们都是靠千千万万终日劳动的中国工农大众的血汗供养长大的。现在他们渴望我们，我们还不该赶快回去，把自己的一技之长，献给祖国的人民吗？是的，我们该赶快回去了。

同学们，听吧！祖国在向我们召唤，四万万五千万的父老兄弟在向我们召唤，五千年的光辉在向我们召唤，我们的人民政府在向我们召唤！回去吧！让我们回去把我们的血汗洒在祖国的土地上灌溉出灿烂的花朵。我们中国要出头的，我们的民族再也不是一个被人侮辱的民族了！我们已经站起来了，回去吧赶快回去吧！祖国在迫切地等待我们！

第二章　中流击水

1950年3月18日，在《留美学生通讯》第三卷第八期上发表了一封由52位留美学生联署的《给留美同学的一封公开信》。在公开信发表前的1950年2月底，这封信的发起者和起草人朱光亚，已经踏上回国的旅途。

在战火中诞生的新中国，民生凋敝，百废待兴。新中国成立之初，在国外的中国学者和留学生逾5000人，其中很多人已经在自己的研究领域

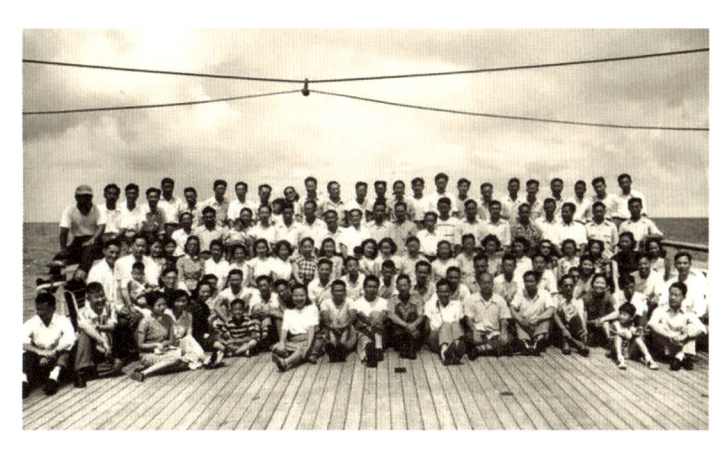

△ 1950年9月，乘坐"威尔逊总统号"邮轮自美国旧金山返回中国的留美学者及家属合影

有所建树，有些已成为国际知名学者。新中国成立后，他们中的很多人抱着建设新中国的坚定决心，冲破重重阻碍，踏上回归祖国的旅途。

科学没有国界，但科学家有祖国！面对"为什么要回到中国"这个问题，不同科学家给出了几乎一致的回答。

钱学森说："我所做的一切，都因为我是中国人，我的事业在中国，我的归宿在中国！"

彭桓武说："回国不需要理由，不回国才需要理由！"

中国几代科学人铸就了"爱国、创新、求实、奉献、协同、育人"的科学家精神，爱国，永远是它最纯、最亮的底色！

致陈叔通先生

钱学森

叔通太老师先生：

自1947年9月拜别后久未通信，然自报章期刊上见到老先生为人民服务及努力的精神，使我们感动佩服！学森数年前认识错误，以致被美政府拘留，今已五年。无一日、一时、一刻不思归国参加伟大的建设高潮。然而世界情势上有更重要更迫急的问题等待解决，学森等个人们的处境是不能用来诉苦的。学森这几年中唯以在可能范围内努力思考学问，以备他日归国之用。现在报纸上说中美交换被拘留人之可能，而美方又说谎，谓中国学生愿意回国者皆已放回，我们不免焦急。我政府千万不可信他们的话，除去学森外，尚有多少同胞，欲归不得者。以学森所知者，即有郭永怀一家，其他尚不知道确实姓名。这些人不回来，美国人是不能释放的。当然我政府是明白的，美政府的说谎是骗不了的。然我们在长期等待解放，心急如火，唯恐错过机会，请老先生原谅，请政府原谅。附上纽约时报旧闻一节，为学森五年来在美之处境。在无限期望中祝您康健。

钱学森　谨上

1955年6月15日

第二章 中流击水

"五年归国路，十年两弹成。"这是数十年后人们在提及我国航天事业创始人钱学森时，经常使用的一句赞誉。对钱学森而言，在美国的20年中，"前三四年是学习，后十几年是工作。所有这一切都是在做准备，为了回到祖国后，能为人民做点事"。但钱学森的归国之路，可谓充满坎坷、历尽磨难。

1950年8月22日，钱学森前往华盛顿五角大楼告诉美国海军次长金贝尔少将他准备回国。金贝尔劝说未果立即拨通了司法部的电话："绝不能放走钱学森！那些对我们来说至为宝贵的情况，他知道得太多了。我宁可把这家伙枪毙了，也不让他离开美国！"在金贝尔眼里，钱学森"无论在哪里，都抵得上五个师"！

美国洛杉矶海关非法扣留了钱学森装在"威尔逊总统号"邮轮上的行李，污蔑他企图携带机密资料出境，司法部随即签署了逮捕钱学森的命令。

"钱学森事件"在美国社会

△ 1950年，钱学森打算运回国的部分行李被美国海关查扣

红色经典里的 *中国精神*

△ 钱学森数次出席美国移民归化局举行的听证会

引起不小轰动,钱学森的导师冯·卡门及加州理工学院许多师生向移民归化局提出强烈抗议,师生集体捐献 15000 美元作为保释金。新华社、《人民日报》《光明日报》和香港各大报纸纷纷刊登文章谴责美国当局的暴行。迫于各方压力,移民归化局不得不释放钱学森,但要求钱学森听候传讯,每月到移民归化局报到,不准离开洛杉矶。从此,钱学森开始了长达五年之久被变相软禁的生活。

在这次事件后,经常有特务闯进钱学森的办公室和住所,他的信件和电话也都受到严密的检查。在很短的时间里,钱学森被迫搬了四次家,因为他每天都会接到陌生人的电话,甚至有陌生人擅自闯入家中。这种生活对于性格内向而孤傲的钱学

第二章 中流击水

△ **钱学森给陈叔通先生的信**

森而言,每一天都是屈辱的积累。

1955年5月,钱学森在一张华人报纸上看到毛泽东主席在北京天安门广场主持庆祝"五一"劳动节典礼的报道。在观礼者的名单中,有一个熟悉的名字——陈叔通,他是钱学森父亲的老师。钱学森决定给陈叔通写信,寻求中国政府的帮助。为了躲避特务的检查,钱学森夫人蒋英模仿孩子的手笔写了地址,又跑到一个很远的黑人超市去买菜,用黑人超市的信箱寄出信件,而收件人是她在比利时的妹妹。之后这封信从比利时辗转寄到钱学森父亲手中,他又将信转给陈叔通。这就是环绕了大半个地球的《致陈叔通先生》。

陈叔通接到钱学森的信后很快交给了周恩来总理。这封信

· 033 ·

红色经典里的 *中国精神*

△ 1955年9月17日，钱学森一家乘"克利夫兰总统号"邮轮从洛杉矶踏上归国航程

在之后的中美大使级会谈中发挥了重要作用，中方据理力争，最终迫使美方同意钱学森离美回国。当美国加州理工学院院长杜布里奇得知钱学森回国的消息时，说了一句意味深长的话："我们知道，他回去绝不是种苹果树的。"

1955年9月17日，钱学森一家登上"克利夫兰总统号"邮轮离开美国回国。启程前，西方四大通讯社之一的美国第二大通讯社——合众国际社记者专程赶到船上采访钱学森。美国《洛杉矶日报》第一版用特大号字，刊出了通栏标题"火箭专家钱学森返回红色中国"。在马尼拉港口，美联社一名记者问

第二章 中流击水

钱学森:"你是共产党员吗?"钱学森坦率地说:"我还不够做一名共产党员,因为共产党人是具有人类最崇高理想的人。"

历经坎坷终于回到祖国的钱学森,不但立刻投身于新中国的科学事业,而且向尚在美国的挚友郭永怀发出热切的召唤。在1956年2月2日给郭永怀的信中,钱学森写道:"请兄多带几个人回来,这里的工作,不论在目标、内容和条件方面都是世界先进水平。这里才是真正科学工作者的乐园!"

郭永怀回国后全身心地投入我国核武器研制工作中,正如他自己所说:"在这样一个千载难逢的时代,我自认为,我作为一个中国人,有责任回到祖国,和人民一道,共同建设我们的美丽的山河。"

△ **工作中的郭永怀**

艰辛的岁月，时代的使命

于　敏

时代的使命，社会发展的需要往往决定一个人的人生道路和命运。正当我对基础科学研究满怀兴趣，希望乘风破浪、有所发现和建树的时候，1961年1月的一天，钱三强先生把我叫到他的办公室，非常严肃和秘密地告诉我，希望我参加氢弹理论的预先研究。钱先生与我的这次谈话，改变、决定了我此后的人生道路。

新中国刚刚成立不久，就受到西方反华势力的战争威胁，像我国这样贫弱的一个大国，如果没有自己的核力量，就不可能真正地独立，巍然屹立在世界之林。我国当时正处于遭受天灾人祸、国民经济非常困难的时期，但中央仍下决心坚持搞原子弹和氢弹。面对这样重大的题目，我不能有另一种选择。一个人的名字，早晚是要消失的。"留取丹心照汗青"，能把微薄的力量融进祖国现代化建设之中，我也就可以自慰了。

1965年10月下旬，我们终于牵住了"牛鼻子"，抓到了热核材料充分燃烧的本质的东西。大家连续奋战了100个日日夜

第二章　中流击水

夜，终于形成了一套从原理到结构的基本完整的理论方案。这是充满激情和艰辛的一段岁月，也是每一位参加这段工作的科研人员难以忘怀的岁月！

中央一开始就明确，搞核武器要走"独立自主，自力更生"的道路。高技术，特别是国防高技术是买不来的，必须依靠自己的力量。正因为我们有这样的指导思想，充分发挥社会主义多方支援，大力协同，集中力量办大事的优越性，不但很快地突破了原子弹和氢弹，而且把根子扎得很深，具备了持续发展的能力，走出了一条符合中国国情和中国战略需要的有自己特色的研制核武器的道路。这是何等艰难的历程，何等辉煌的业绩啊！

红色经典里的 中国精神

△ 1948年4月，钱三强与何泽慧离开巴黎回国前，在卢森堡公园留念

这是"共和国勋章"获得者于敏院士，对"两弹一星"光辉岁月的记录。

新中国成立后，面临经济上遇困难、政治上被孤立、军事上遭围攻的严峻局面。"要反对核武器，自己就应该先拥有核武器。"这是1951年法国科学院院长、法国共产党员约里奥·居里向中国做出的忠告。而约里奥·居里的得意门生钱三强，正是中国原子能事业的开拓者和奠基人之一。

20世纪50年代初，我国第一个名副其实的原子学研究机构——中国科学院近代物理研究所成立后，钱三强出任所长，王淦昌、彭桓武任副所长。中国的原子核科学事业由此起步。

邓稼先、朱光亚、王淦昌、彭桓武、周光召、于敏、郭永怀、程开甲等一大批科技骨干，临危受命，从此隐姓埋名奋斗在各自的岗位上。当王淦昌得知组织上想安排他去搞原子弹时，他毫不迟疑地回答："我愿以身许国！"为了保密，要隐姓埋名，断绝一切海外联系。王淦昌当即写下自己的新名字"王京"，第二天就从原子能研究所到核武器所报到。

第二章 中流击水

在内忧外患中，大家上下一条心，协同攻关，终于靠智慧和艰辛的努力攻克了一个个技术难题。1960年11月5日，钱学森主持研制的我国第一枚导弹在酒泉发射基地成功试飞，准确命中目标。1964年10月16日，我国成功试爆第一颗原子弹，仅仅2年零8个月后，我国又成功试爆第一颗氢弹，成为世界上从原子弹到氢弹发展最快的国家。1970年4月24日，我国自主研发的第一颗人造地球卫星"东方红一号"成功发射。

△ 我国研制的第一枚近程导弹"东风一号"

"两弹一星"伟大成就的取得，使中国挺直了腰杆，国际地位得到极大提升。在这背后，是中国科学家前赴后继、可歌可泣的奋斗历程。

郭永怀，在"两弹一星"功勋科学家中，他是在导弹、核弹、人造地球卫星三大任务中都肩负重要使命的人。他长期从事绝密工作，和家人聚少离多，有一次，他年幼的女儿在过生日时向他讨要礼物，郭永怀满怀歉意地指着天上的星星说：

红色经典里的 中国精神

△ 郭永怀一家

△ 邓稼先（左）与同事在试验场

"以后天上会多一颗星星，那就是爸爸送你的礼物。"然而，当天上真的多了一颗"东方红一号"，当女儿收到这份礼物的时候，郭永怀却已经永远地离开了他的亲人和他热爱的事业。1968年12月5日，在基地现场做完第一颗热核弹头试验，郭永怀携带重要试验数据回京，飞机在降落时失事坠毁。当搜救人员找到郭永怀的遗体时，发现他和警卫员紧紧抱在一起，人们将已经烧焦的二人用力分开，在他们胸前夹着一个公文包，包里保存的正是那些重要试验数据。这位以身许国的科学家，在生命即将终结时，选择用自己的身体作为保护国家机密的最后一道屏障。

邓稼先，在1986年前完成的32次核试验中，他

第二章　中流击水

在现场主持了15次。每次核爆试验前需要给原子弹插雷管，这是一项非常危险的操作，稍有闪失就会让在场的所有人化为气体。而邓稼先，是每次插雷管时都会站在操作员身后稳定军心的那个人。由于遭受辐射伤害，邓稼先因直肠癌住院治疗，他在自己生命最后的时间里，与于敏一起，争分夺秒完成了关于我国核武器发展的极为重要的建议书，使我国在此后十年里完成了核武器升级必需的核爆试验，达到与先进国家处于同一台阶的水平。

多年以后，"两弹一星"元勋于敏在自己的回忆文章中写下这样一句话："一个人的名字，早晚是要消失的。"这是他、邓稼先、郭永怀以及所有以身许国的科学家对功名的态度，"干惊天动地事，做隐姓埋名人"，是他们人生的真实写照。热爱祖国、无私奉献，自力更生、艰苦奋斗，大力协同、勇于登攀，"两弹一星"精神激励中国科学人为建设科技强国不懈前行！

△ 于敏在工作中

红色经典里的 **中国精神**

写给母亲的信

黄继光

母亲大人：

　　男于阳历十月二十六日接到来信，知道家中人都很安康。目前虽有些少困难，请母亲不要忧愁。想咱在前封建地主压迫下，过着牛马奴隶生活，现在虽有些少困难，是能够度过去的，要知道咱们英明共产党、伟大领袖毛主席正确领导，幸福的日子还在后头呢！

　　母亲大人，男现在为了祖国人民，需要站在光荣战斗最前面，为了全祖国家中人等幸福日子，男有决心在战斗中，为人民服务，不立功不下战场，不立功不下战场！

　　最后请母亲大人及全家人等保重身体，并请回信一封，当地土改没有？家中哥哥嫂嫂生产比前好吗？

　　母亲大人玉体安康。

黄继光
1952 年 4 月 29 日战斗中

△ 鸭绿江上的中朝友谊桥（左）和鸭绿江断桥（右）

第二章 中流击水

在黄继光写下这封信的几个月后,上甘岭战役打响。黄继光和几位战友担负着爆破地堡的重任,只有端掉地堡,才能为冲锋的大部队扫清障碍。敌人的机枪从坚固的地堡里疯狂射击,子弹吞噬着一个又一个战友的生命。已经身负重伤的黄继光,毅然以血肉之躯扑向地堡机枪枪眼,

△ 黄继光雕塑

双手抓住麻包堵在射击孔上,用自己的身体为战友铺开一条冲锋之路。他 21 岁的年轻生命,定格在抗美援朝的战场上。

"打得一拳开,免得百拳来。"抗美援朝、保家卫国,是中国党和政府做出的历史性决策。1950 年 10 月 19 日,中国人民志愿军雄赳赳、气昂昂,跨过鸭绿江。当年,美国的国民经济总产值是中国的 28 倍,军备力量更是远超中国。中国军队同朝鲜人民和军队一道,浴血奋战,赢得了抗美援朝战争的伟大胜利,全国各族人民由衷称赞志愿军为"最可爱的人"。

抗美援朝精神,是祖国和人民利益高于一切、为了祖国和民族的尊严而奋不顾身的爱国主义精神,英勇顽强、舍生忘死的革命英雄主义精神,不畏艰难困苦、始终保持高昂士气的革命乐观主义精神,为完成祖国和人民赋予的使命、慷慨奉献自己一切的革命忠诚精神,为了人类和平与正义事业而奋斗的国际主义精神。

青山埋忠骨,绿水念英雄。抗美援朝精神丰碑,如当年"打不烂、炸不断"的钢铁运输线中朝友谊桥一样,护佑山河无恙、家国安宁!

红色经典里的**中国精神**

如果你是一滴水[1]

雷　锋

如果你是一滴水，
你是否滋润了一寸土地？
如果你是一线阳光，
你是否照亮了一分黑暗？
如果你是一颗粮食，
你是否哺育了有用的生命？
如果你是一颗最小的螺丝钉，
你是否永远坚守在你生活的岗位上？

钉子有两个长处：一个是挤劲，一个是钻劲。
我们在学习中，也要提倡这种钉子精神，善于挤，善于钻。

人的生命是有限的，可是，为人民服务是无限的。
我要把有限的生命，投入到无限的"为人民服务"之中去！

---

[1] 节选自《雷锋日记》。

第二章　中流击水

1963年3月5日,《人民日报》刊登了毛泽东主席的题词"向雷锋同志学习"。此后,3月5日被定为"学雷锋纪念日"。"学习雷锋好榜样,忠于革命忠于党。"这首脍炙人口的歌曲《学习雷锋好榜样》传唱至今,雷锋也成为无数中国人的精神偶像。

雷锋出生于湖南省一户贫苦农民的家庭,很小便成为孤儿。1949年家乡解放后,9岁的雷锋在党和人民政府的帮助下上了小学。高小毕业后,他做过通信员、推土机手等,1960年应征入伍,成为光荣的人民解放军战士,1962年8月15日不幸因公殉职,年仅22岁。

雷锋在短暂的一生中,以钉钉子的精神做好每一份工作,在每个平凡的岗位都获得多项荣誉称号。他利用业余时间做的好人好事更是无法计数,时至今日,每当人们遇到好人好事,还经常会用"活雷锋"这个称谓给予褒奖。

一滴水,一线光,一颗粮食,一颗最小的螺丝钉……都很平凡。雷锋把崇高的理想信念和道德品质追求转化为具体行动,体现在平凡的工作、生活中。微光成炬,每个人在平凡岗位的贡献,都将创造伟大的时代。

红色经典里的 中国精神

有也上，无也上[1]

王进喜

△ 参加大庆石油会战的钻井队

今年3月我们从玉门动身来松辽，一到萨尔图，遍地是雪，只有两间牛棚。我们队30多人，就披着大衣蹲着过夜。粮少人多，早晚喝稀饭，喝稀饭也一样干活。钻机到了，要安装。没有吊车，我们就用人抬，用手拖。原计划十天完钻，不碰巧，井清水供不上，我们来了个总动员，用脸盆端，用暖水瓶装，就这样，从老乡的水井里，从水泡子里，一直保证打完这口井，只用了五天零四小时。

说起来，当时设备不齐，吃的、住的困难也很多，可是我们看到这么好的油田，一心想快打井，多打井，就坚决按照党的指示，发扬了"有也上，无也上"的精神，闯过了最初那困难的日子。群众赞扬我们是"铁人"，其实，只要有党的领导，有革命干劲，大家都能当"铁人"。

---

[1] 节选自王进喜1960年7月在三探区经验交流会上的讲话。

第二章　中流击水

新中国成立之初，我国石油工业基础十分薄弱。1949 年我国原油产量仅 12 万吨，对进口原油依赖极大。1960 年，为了甩掉"贫油国"的帽子，石油大会战轰轰烈烈地展开。以王进喜为代表的大庆石油工人，以"有条件要上，没有条件创造条件也要上"的豪情壮志，克服重重困难，仅用 3 年多时间就夺取了大会战的胜利。

王进喜常夜以继日地在井上干活，困了就枕着钻头打个盹儿，因此得了"铁人"的称号。今天大庆油田铁人广场的彩虹桥上，依然镶嵌着引人注目的标语："只要精神不滑坡，办法总比困难多。"大庆人用自己的行动，书写着铁人精神新的篇章。

大庆第二代"铁人"王启民，带领团队经过 7 年反复实践，成功摸索出一套"薄差层"开发技术，使大庆油田新增地质储量 7 亿吨、可采储量 2 亿吨，相当于又找到一个大油田。

大庆第三代"铁人"李新民，依靠科技创新和技术支撑，带领团队实现了大庆油田"走出去"的崭新跨越，海外权益产量达到千万吨级规模。

"爱国、创业、求实、奉献"的大庆精神，激励着一代代石油人砥砺前行、奋勇争先，不断创造新的辉煌！

用青春成就绿色梦想

陈彦娴

20世纪60年代，塞罕坝林场的条件异常艰苦，房屋不够住，就住仓库、马棚、窝棚；喝的是雪水、雨水和沟塘子水；吃的是含有麦芒的黑莜面、窝窝头、土豆和咸菜。初冬时节，我们在泥塘里进行选苗作业，手被冻裂了口子，疼得钻心。我们在选苗棚里一坐就是一天，收工时，腿不听使唤，腰也直不起来。当年在苗圃工作的人有的成了罗圈腿，有的落下了风湿病。

机械造林大会战时，上至书记、场长，下到普通工人，全部冲在造林一线。植苗机在高低不平的山地上来回颠簸，取苗箱里的泥水不断溅到身上，再加上风刮起的沙尘，我们在冰冷的植苗机上一坐就是十几个小时，一天下来就像刚刚从泥坑里爬出来似的，根本分不清哪个是领导哪个是工人。

春华秋实，沧海桑田。我们终于用青春和汗水换来万亩林海，成就了绿色梦想！如果回到当年，让我重新选择，我仍会毫不犹豫地选择塞罕坝！因为这里是我梦想开始的地方，这里有我的青春，我的生命，我的一切！选择塞罕坝，我无怨无悔！

第二章　中流击水

60多年前,塞罕坝是"飞鸟无栖树、黄沙遮天日"的高原荒丘。1962年,林业部决定在这里建立国营林场,由此拉开了塞罕坝人接续奋斗、育林固沙的壮丽篇章。

陈彦娴是塞罕坝第一代务林人的典型代表。1964年,她们高中同宿舍的六个好姐妹得知塞罕坝机械林场正在开展大规模机械化造林,大家跃跃欲试。于是,她给刘场长写信,申请去林场,不到一个月就收到了同意接收她们的回信。就这样,她们放弃高考,选择了上坝,投身塞罕坝林场轰轰烈烈的育林事业,书写了"六女上坝"的传奇。

几代务林人用青春与奋斗创造了荒原变林海的"人间奇迹",今天,这里拥有占地115万亩的世界面积最大的人工林。"牢记使命、艰苦创业、绿色发展"的塞罕坝精神,激励我们以实际行动诠释"绿水青山就是金山银山"的理念,在推进生态文明建设新征程上再谱新篇!

给女儿的信

孔繁森

玲玲：

你现在填补了咱家没有正式大学生的空白。你考上了大学，了却了爸爸盼望已久的心事。自从你考入中学以后，我就把盼望你上大学的愿望埋在了心底。

爸爸不盼望你当什么名人，而想让你尽早成为一个人格、素质俱佳的对社会有用的人，这既是社会的需要，也是家庭的需要。

爸爸文化低，有时候工作起来就有点力不从心，这个"力"就是科学文化的力量。爸爸多么渴望有这种强大的力量来支撑我，但小时候没这个条件，已与它失之交臂了。我现在只能在祖国需要的地方，在党安排的岗位上踏踏实实地做点贡献。

玲玲，我本应早点给你去信，但在你和你妈妈走后的第三天下午，我就做了手术。今天刚下床，不久就回阿里。躺在床上，才能静下心来想好多事，也想到了我的女儿。所以，今天就写了这几个字。

爸爸：孔繁森

1993年9月20日于医院中

第二章　中流击水

1993年，孔繁森的女儿考上大学，病中的孔繁森给女儿写下这封信，勉励她早日成为一个对社会有用的人，字里行间，父爱如山。

孔繁森是一名援藏干部，从1979年开始，他两次进藏工作，兢兢业业，勤政为民。1992年年底第二次援藏工作结束后，他被任命为阿里地委书记。为了带领群众脱贫致富，他长年扎根基层，不仅与藏族群众结下深厚友谊，更为当地经济、文化发展做出了积极贡献。1994年，孔繁森在考察途中因公牺牲。

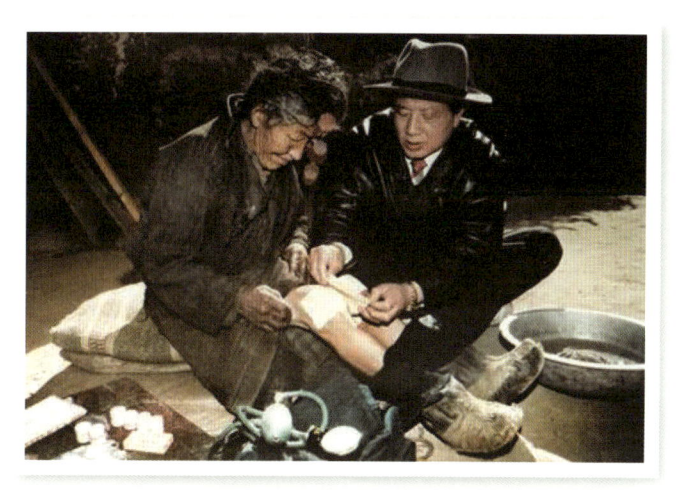

△ 孔繁森在西藏阿里日土县过巴乡看望孤寡老人

孔繁森是"特别能吃苦、特别能战斗、特别能忍耐、特别能团结、特别能奉献"的老西藏精神的典型代表。1950年，中国人民解放军进藏部队完成和平解放西藏的历史使命。70多年来，孔繁森、钟扬等建藏、援藏先进人物不断涌现，他们把自己的智慧、心血、生命，奉献给了这片雪域高原。

"远征西涯整十年，苦乐桑梓在高原。只为万家能团圆，九天云外有青山。"孔繁森写下的诗句，表达了一名人民公仆最真挚的情感，如他所说："一个人爱的最高境界是爱别人，一个共产党员爱的最高境界是爱人民。"

红色经典里的 *中国精神*

对国家的忠就是对父母最大的孝[1]

黄旭华

1958年8月,我被调往北京海军造船技术研究室从事核动力潜艇的设计研究工作,从此,一个甲子的漫长岁月里,我再没离开过核潜艇研制这一极其光荣而重要的岗位。

有外国人曾断言,中国想自行研制核潜艇,完全是异想天开,根本不可能。但毛主席不信邪,以大无畏的英雄气概,发出誓言:"核潜艇,一万年也要搞出来!"这道出了中国人有志气、有能力靠自己把核潜艇造出来的坚强决心。

研制核潜艇成了我们那一代人的梦想,大家怀揣着强国梦、强军梦,呕心沥血,默默无闻,苦干惊天动地事,甘做隐姓埋名人,没有先进的科研手段,就用算盘算,用计算尺拉,用磅秤称,只用了不到10年时间,硬是把我们中国的核潜艇造了出来。

△ 黄旭华深潜试验胜利归来

[1] 节选自《以身报国 无悔初心》。

第二章　中流击水

1958 年加入核潜艇研制战线后，因严格的保密要求，我便开始隐姓埋名，少与家人联络，父亲病逝我也没能回去。家乡的人们一度认为我是不孝之子，大学一毕业就忘了家、忘了养育自己的父母。这么多年来，母亲一直想知道我到底在外面干什么，为什么那么忙，一次家都不回。可是，我不能说。

1988 年春，我终于有机会在工作间隙携妻回乡看望老母。离开家乡的前夜，我给母亲送上一本《上海文汇月刊》。母亲戴着老花镜，反复阅读着上面一篇详细记载中国核潜艇总设计师人生经历的报告文学《赫赫而无名的人生》。文章虽然只提黄总设计师，没提具体名字，但提到了他的妻子李世英。母亲一看就知道这位黄总设计师就是自己多年不知去向的三儿子。她没想到，人间蒸发 30 年、被弟妹们误解为"不要家"的"不孝儿子"，竟在为国家做着一件惊天动地的大事。

母亲含泪读完那篇文章后，把家里的兄弟姐妹召集到一起，语重心长地对他们讲："这么多年，三哥的事情，你们要理解，要谅解他呀！"听到母亲说出"要谅解"这三个字，我哭了。30 多年来，我对母亲、对家、对家乡的情感包袱就在听到母亲说出"要谅解"时，放下了。

自古忠孝难两全。成为核潜艇研制事业的一员，就注定在国与家之间，我只能选择一个。当我的心一次次因思念而倍受煎熬时，当我一次次为不能守在父母身边尽孝而抱憾时，我只有一个坚定的信念：对国家的忠，就是对父母最大的孝。

红色经典里的 中国精神

我国自行研制核潜艇,是在技术先进国家对我国实行严密封锁的情况下,自力更生,白手起家的。黄旭华带领团队一路攻克道道技术难关,突破了核潜艇最关键、最重大的几项技术。1970年12月26日,我国第一艘核潜艇胜利下水。我国核潜艇研制周期之短,为世界核潜艇发展史上所罕见。

被誉为"中国核潜艇之父"的黄旭华,在父母眼中,是一个30年不知所踪的游子。1988年,当黄旭华终于有机会回家探望年迈的母亲时,仍然恪守着保密要求的他,只能婉转地用一篇公开报道,让母亲了解儿子30年的去向。自古忠孝难两全,但没有国哪有家,没有家哪有孝!

"党让我们去哪里,我们背上行囊就去哪里。哪里有事业,哪里就是家。"这是新中国一代代知识分子始终奉行的坚定信念,是无数舍弃小我、胸怀大局的科研工作者用实际行动做出的诠释。当我们翻开中国科技事业发展史,在一项项科技成就的背后,无不渗透着中国科学家浓烈深厚的家国情怀。

离家30载的"中国核潜艇之父"黄旭华如此,举家西迁的交大人亦如此。

1955年,为适应国防形势和社会主义建设布局的需要,党中央决定将交通大学从上海迁往西安。交通大学的数千名师生义无反顾登上"向科学进军"的西行列车,

△ 交通大学西迁专列乘车证

第二章 中流击水

投身祖国大西北建设。

迁校时,很多老教授以身作则,率先垂范。中国"电机之父"钟兆琳,迁校时已57岁,妻子常年患病卧床休养。周恩来总理考虑到他的实际困难,安排他留在上海,但他婉拒了总理的关照,留下女儿照顾妻子,孤身一人前往西安,经过数年奋斗,在西安交通大学建起了国内基础雄厚、条件较好、规模较大、设备日臻完善的电机系。

"要在西北扎下根来,尽毕生之力办好西安交通大学。"老校长彭康朴实而真切的话语,成为"西迁人"数十年如一日为之奋斗的教育目标。交大西迁,改变了中国西部高等教育的格局,改变了西部没有规模宏大的多科性工业大学的面貌。

"胸怀大局、无私奉献、弘扬传统、艰苦创业"的西迁精神,是中国知识分子群体爱国奋斗的精神坐标,激励着一代代知识分子在强国征程上砥砺奋进、续写辉煌!

△ 1959年的西安交通大学

△ 如今的西安交通大学

一生一事[1]

顾方舟

我觉得这一生中最好的、最值得自己骄傲的，就是选择了公共卫生事业，从事疾病预防工作，而且贡献了自己的一些力量。我们引进了脊髓灰质炎疫苗，亲手建立起它的生产线，把这个疫苗用到我们孩子的身上，而且起到了效果。

生老病死，这是自然规律。一个无神论者，应该很坦然地面对死亡，没有一个人能够长生不老，人终究有一天要离开这个世界。"当他回首往事的时候，不因虚度年华而悔恨，也不因碌碌无为而羞耻。"苏联作家奥斯特洛夫斯基说的这段话非常好。你活在世上，给这个世界，给人类，做了什么，留下了什么，这是你所要考虑的。

我希望当我面对死亡时会感到坦然。起码不觉得愧对老父老母，愧对孩子，愧对周围这些人。我希望没有遗憾：我活这一辈子，不是从别人那里得到了什么，而是我自己给了别人什么。

---

[1] 节选自《一生一事：顾方舟口述史》。

第二章　中流击水

顾方舟不止一次地说过："我一生只做了一件事，就是做了一颗小小的'糖丸'。"

20世纪60—70年代出生的中国公民，在孩童时代，都曾经吃过同样的一颗"糖丸"，这是一颗呵护孩子们免受脊髓灰质炎病毒威胁的神奇药丸——脊髓灰质炎疫苗。主持疫苗研制工作的顾方舟，被人们亲切地称为"糖丸爷爷"。

△ 1949—1950年，实习中的顾方舟与患儿合影

脊髓灰质炎俗称小儿麻痹症，是一种严重危害儿童健康的急性传染病。20世纪50年代，脊髓灰质炎在中国的发病率一直居高不下。1955年在江苏南通发生的一次脊髓灰质炎流行，造成近2000个孩子感染。还有一次在广西的大流行，迫使南宁市居民在盛夏家家关门闭户，不敢让孩子外出。

1959年，顾方舟被派往苏联了解脊髓灰质炎疫苗的研制情况。他仔细研究了苏联和美国的疫苗，迫于当时中国经济实力弱、人口众多的现状，决定采用脊髓灰质炎减毒活疫苗的防疫路线。自此，顾方舟踏上自主研制疫苗、建立免疫屏障的艰难历程，而这一干，就干了整整一辈子。

红色经典里的 中国精神

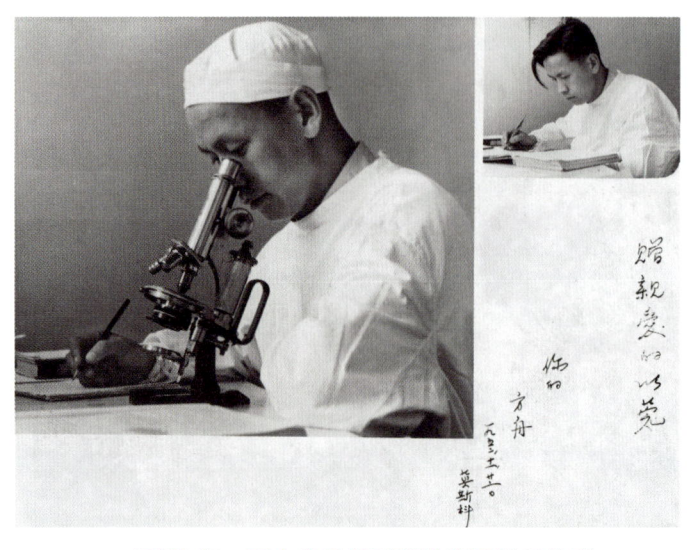

△ 1952年，顾方舟从苏联寄给妻子的工作照

很多在孩童时代吃过这颗"糖丸"的人，还记得它那甜甜的味道。然而，最初的疫苗却没有这么香甜可口，它不仅味道不佳，而且在刚刚研制出来时，甚至还有些凶险。在进行第一期临床试验时，由于无法在其他孩子身上做这样冒险的试验，顾方舟毅然决然选择自己年仅一岁的儿子，作为第一个喝下疫苗的试验对象。虽然在此之前，顾方舟已在自己身上试验过，但作为一位父亲，做出这样的决定，仍然承受着巨大的心理煎熬。当同为脊髓灰质炎疫苗研发小组成员的妻子知道此事后，并无一句怨言，她说："如果连我们自己的孩子都不敢吃，怎么拿给全国的孩子们吃呢？"

顾方舟认识到要在中国这样一个人口众多、经济落后的发展中国家最终根除脊髓灰质炎，需要经年累月地让全中国的适龄儿童服用疫苗，才能建起免疫屏障。为此，他制订了详细周密的免疫策略：一是以县、乡、镇为单位，确保适龄儿童服用率达到95%以上；二是在7~10天的时间内让这些儿童全部服用疫苗。这种大胆的免疫策略，只有在中国的国家体制下才

第二章 中流击水

△ 1959年，顾方舟（前排右一）与职工在疫苗研发生产基地的建筑工地平整地基

有可能落地。

经过40年的不懈努力，顾方舟带领的科研团队终于在我国成功建立起脊髓灰质炎免疫屏障。2000年，世界卫生组织正式宣布中国为无脊髓灰质炎国家。已经74岁的顾方舟，在《中国消灭脊髓灰质炎证实报告》上，郑重签下自己的名字。

2019年1月2日，92岁的"糖丸爷爷"顾方舟与世长辞。在生命的最后时刻，他如自己所希望的那样坦然面对死亡，他留给后人的话是："我一生做了一件事，值得……值得……孩子们快快长大，报效祖国。"

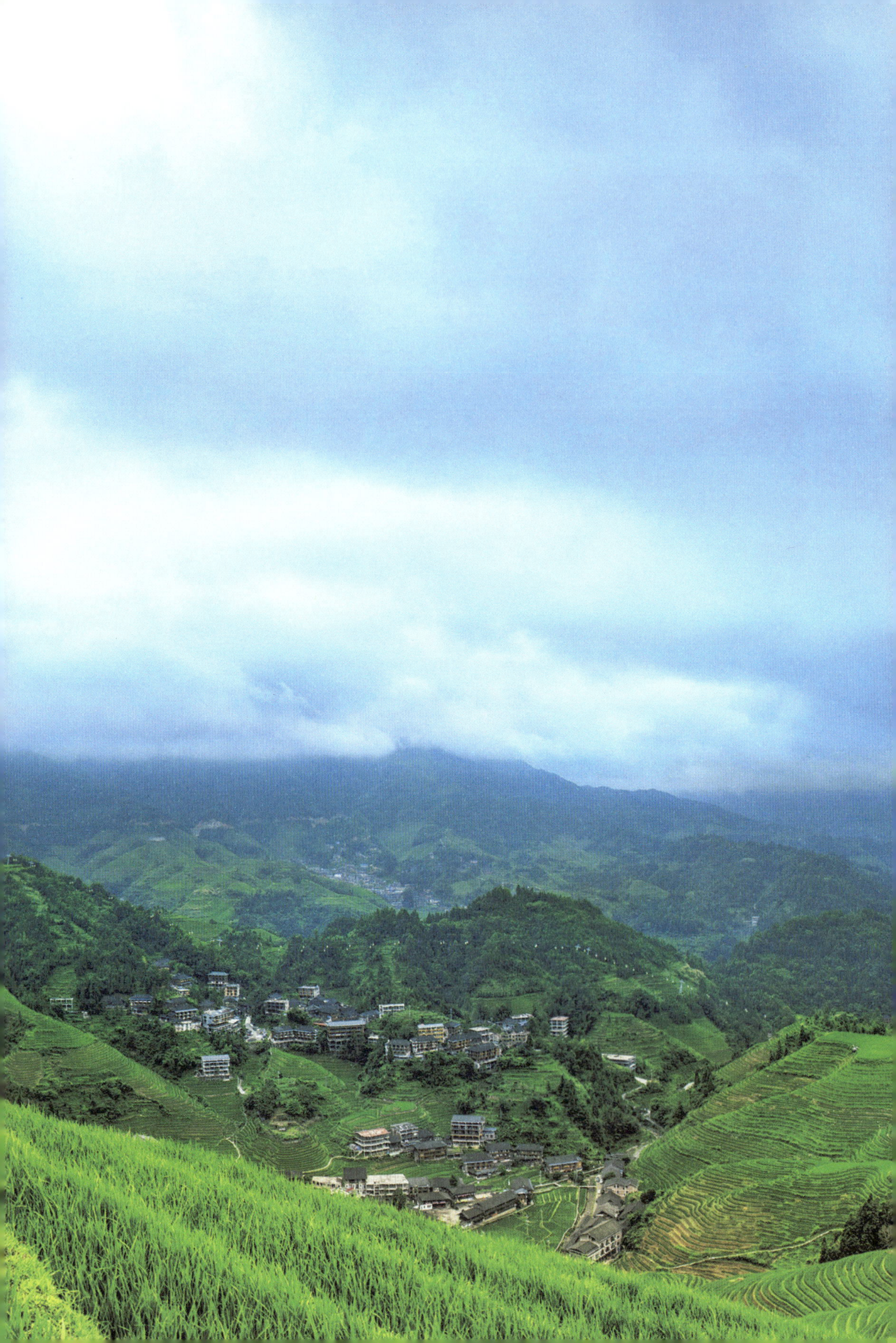

第三章

伟大变革

红色经典里的 *中国精神*

1978年3月18日，全国科学大会在京召开。邓小平在大会报告中重申"科学技术是生产力"这一重要观点，吹响了"向科学技术现代化进军"的号角。全国科学大会的召开，不仅标志着"科学的春天"降临祖国大地，同时也奏响了改革开放的序曲。5月11日，《光明日报》发表评论员文章《实践是检验真理的唯一标准》，掀起关于真理标准问题的大讨论。12月18日，党的十一届三中全会在北京召开，由此开启了中国改革开放的昂扬乐章。

今天，中国已经成为世界第二大经济体，不仅实现了国民生活从短缺走向充裕、从贫困走向小康，更成为世界经济增长的稳定器和动力源。改革开放这场中国的"第二次革命"，既深刻改变了中国，也深刻影响了世界。改革开放精神"极大丰富了民族精神内涵，成为当代中国人民最鲜明的精神标识"，特区精神激励无数奋斗者勇当新时代的"拓荒牛"。

在发展进程中，我们还经受住了来自自然界的各种考验：抗洪、抗击非典、抗震救灾……我们在抵御自然灾害、防控重大疫情的战斗中一次次赢得胜利，这不仅得益于综合国力的提升，更离不开精神的支撑。洪水滔滔，共产党员先锋队立下"誓与大堤共存亡"的"生死牌"；大震来袭，来自全国各地的救援大军喊出"我们都是汶川人"的铮铮誓言；疫情突发，"把人民的生命安全放在心里"诠释朴素至臻的精神内涵。

2003年10月15日，"神舟五号"载人飞船在酒泉卫星发射中心发射升空，飞船载着中国航天员杨利伟在太空遨游14

第三章　伟大变革

圈后，安全着陆于内蒙古自治区四子王旗，中华民族的千年飞天夙愿一朝梦圆！中国人探索宇宙空间的脚步愈发笃定，"特别能吃苦、特别能战斗、特别能攻关、特别能奉献"的载人航天精神，在浩渺太空持续闪耀！

社会主义是干出来的。从以"振超效率"打破集装箱装卸世界纪录的产业工人许振超，到为"全球第一吊"2600吨级全地面起重机"雕刻"螺丝的大国工匠孟维……无数个在平凡岗位创造非凡成绩的劳动者，以实际行动对劳模精神、劳动精神、工匠精神做出最好诠释。

2005年10月12日，世界上海拔最高、线路最长的高原冻土铁路——青藏铁路全线铺通。青藏铁路参建人员在被称为"生命禁区"的雪域高原，完成了人类铁路建设史上的伟大壮举。"挑战极限、勇创一流"的青藏铁路精神，如风雪中的格桑花在"世界屋脊"勇敢绽放。

在追求"更高、更快、更强"的体育竞技场上，以中国女排为代表的体育健儿用一个又一个世界冠军，让五星红旗在世界赛场冉冉升起。"每一次比赛，我们的目标都是升国旗、奏国歌。"这是女排姑娘的心声。"祖国至上、团结协作、顽强拼搏、永不言败"的女排精神，奏响为祖国拼搏奋斗的时代强音。

在改革开放和社会主义现代化建设新时期，党领导全国各族人民不仅创造了举世瞩目的经济奇迹，更培育了丰硕珍贵的精神成果。以爱国主义为核心的民族精神和以改革创新为核心的时代精神，成为中国精神内核的最好诠释。

红色经典里的**中国精神**

念奴娇 · 登微波楼

袁 庚

微波楼上，
雨初晴，
水浸苍穹澄碧。
极目纵横宇宙小，
探手银河可摘。
鹰掠浮云，
鸥翻怒浪，
何惧风雷激。
掀天揭地，
方显男儿胆识。

梧桐山抱群峰，
若游龙，
直卷屯门西北。
滚滚珠江南入海，
洒满伶仃春色。
厂舍鳞排，
帆樯队列，
似神蛇添翼。
中华崛起，
英雄豪杰辈出。

△ 1979年7月，蛇口工业区开山爆破场面　　△ 今日蛇口六湾全景

第三章　伟大变革

1978年5月11日,《光明日报》发表评论员文章《实践是检验真理的唯一标准》,掀起关于真理标准问题的大讨论。12月18日,党的十一届三中全会在北京召开,开启中国改革开放的时代篇章。

1978年11月24日夜,安徽省凤阳县小岗村18户农民在"大包干"契约上按下红手印,拉开农村经济改革的序幕。

1979年,中国开设第一个外向型工业园区——蛇口工业区。7月8日,蛇口工业区填海建港的开山炮轰然响起,被称为改革开放的"开山第一炮"。1984年春,改革开放试验田"蛇口模式"的创立者、时任蛇口工业区管理委员会主任袁庚登高眺望深圳湾两岸的蛇口和香港,有感于蛇口的发展景象,写下《念奴娇·登微波楼》一词。

△ 今日小岗村

小岗村和蛇口工业区,是中国改革开放的缩影。40多年来,我国从经济总量仅占全球1.8%的国家,发展成为全球第二大经济体。"解放思想、实事求是,敢闯敢试、勇于创新,互利合作、命运与共"的改革开放精神,成为激发磅礴中国力量的精神源泉。"改革开放这场中国的第二次革命,不仅深刻改变了中国,也深刻影响了世界!"

红色经典里的 中国精神

科学的春天 [1]

郭沫若

科学的春天到来了！从我一生的经历，我悟出了一条千真万确的真理：只有社会主义才能解放科学，也只有在科学的基础上才能建设社会主义。

我的这个发言，与其说是一个老科学工作者的心声，毋宁说是对一部巨著的期望。这部伟大的历史巨著，正待我们全体科学工作者和全国各族人民来共同努力，继续创造。它不是写在有限的纸上，而是写在无限的宇宙之间。

春分刚刚过去，清明即将到来。"日出江花红胜火，春来江水绿如蓝。"这是革命的春天，这是人民的春天，这是科学的春天！让我们张开双臂，热烈地拥抱这个春天吧！

---

[1] 节选自郭沫若1978年3月31日在全国科学大会闭幕式上的书面发言。

△ "天宫一号"与"神舟八号"
交会对接示意图

第三章　伟大变革

1978年3月18日,全国科学大会在北京召开。邓小平在大会报告中重申"科学技术是生产力"这一重要观点,提出"四个现代化,关键是科学技术的现代化""知识分子是工人阶级一部分"等著名论断,吹响了"向科学技术现代化进军"的号角。全国科学大会的召开,不仅标志着"科学的春天"降临祖国大地,同时也奏响了改革开放的序曲。

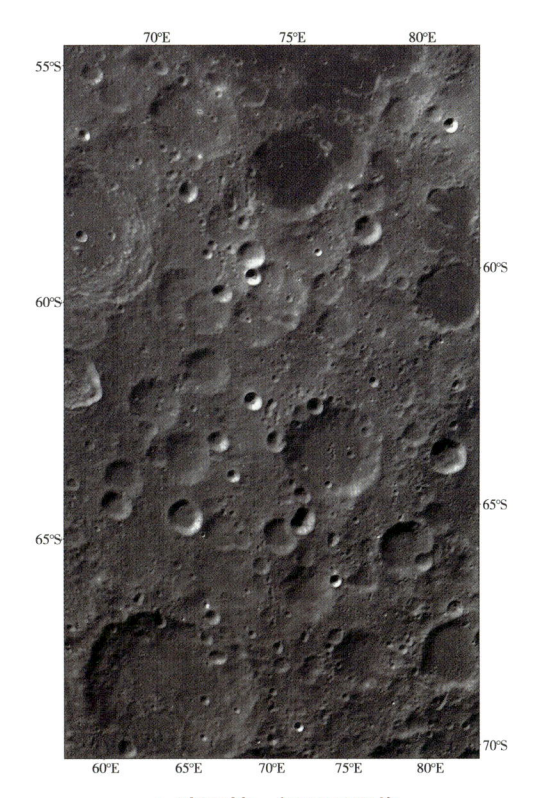

△ 我国第一幅月面图像

在全国科学大会的闭幕式上,因病未能出席的中国科学院院长郭沫若以一篇激情澎湃的《科学的春天》作为书面发言,表达全国科技工作者投身祖国新时期建设的豪情与决心。

△ "蛟龙号"入水瞬间

改革激发的科技创新活力喷涌而出,我国科技工作者在基础研究、前沿技术等领域勇攀高峰,屡创佳绩。载人航天、探月工程、载人深潜……中国科技事业一次次迎来突破,一次次刷新人类探索的极限。

· 067 ·

红色经典里的 *中国精神*

科技顶天，市场立地[1]

王　选

创新是高技术产业的灵魂。我们应该针对市场需要，大量吸收前人的好成果和分析已有系统的缺点，"需要"和已有技术的"不足"是创造的源泉。我们做出的跳过第二代光机式和第三代阴极射线管照排机，直接研制激光照排系统的决定，使我国的报业和印刷业一步跳到先进的激光照排和整页输出，并在较短时间内大面积推广，从而使国外产品很难在中国有立足之地。

对于信息产业，在条件许可的前提下，可以直接在高校和科学院的大院大所建立高新技术产业，做到"顶天立地"。"顶天"就是不断追求技术上的新突破，"立地"就是商品化和大量推广、服务。顶天和立地应紧密结合，顶天是为了更好地立地。

△ 王选在查看汉字激光照排系统排出的报纸胶片

[1] 节选自《保证产品生命力的"顶天立地"模式》。

第三章 伟大变革

1978年全国科学大会的召开，让"科学的春天"降临祖国大地，中国科技工作者以饱满的激情投入到新的创造之中。王选就是这许许多多科技工作者中的一员，这位在40年后以"科技体制改革的实践探索者"身份荣获"改革先锋"称号的科学家，此时正在思考的问题，是怎样把汉字带进信息时代，让中华汉字文化源远流长。

20世纪，随着电子计算机和光学技术的迅速发展，西方率先采用了"电子照排技术"，而中国仍沿用铅字印刷，不仅耗费巨大的人力物力，而且能耗巨大、效率低下、污染严重。

经过分析研究，王选创造性地采用轮廓加参数的数学方法描述汉字字形，解决了汉字的存储难题，继而又做出一个极为大胆的决策：跨过当时流行的二代机和三代机，直接研制世界上尚无商品的第四代激光照排系统，一步跨越了40年！1979年7月27日，我国第一张采用汉字激光照排系统输出的报纸样张诞生，宣告我国印刷技术从此"告别铅与火，迈入光与电"。

△ 北京中关村电子一条街成为改革开放初期的科技地标之一

红色经典里的 *中国精神*

现代化是买不来的[1]

金怡濂

改革开放初期，我国从国外进口了一台计算机。我们花钱聘请的两个"洋监工"却不让我方技术人员接触机舱内的核心部件，连开机、关机都必须由他们操作。这件事深深刺痛了中国科技工作者的心，我们深刻认识到：现代化是买不来的。

现代化买不来！道理简简单单，却让我痛得刻骨铭心。我陷入了思索：中国人何时能够实现自己的梦想？为了尽快给出答案，几十年来，我将所有精力都集中到一个方向：追求速度、超越速度，发展中国自己的高性能计算机。我们必须跨越，否则将被世界越甩越远。

我下定决心研制具有世界先进水平的巨型计算机"神威"。我和科研人员一道，一个个检查成千上万个焊点。我们的标准是：哪怕是一个焊点、一枚螺丝钉，也要体现世界水平！经过近百名科研人员历时数年的艰苦努力，"神威"高性能计算机终于横空出世。

我曾深情地说过："国运昌则科技兴，科技兴则国力强，没有改革开放就没有中国巨型机事业的起飞与发展。"

[1] 节选自《追求速度，超越速度》。

第三章 伟大变革

△ "神威·太湖之光"超级计算机

　　作为大国重器的超级计算机,是世界各国在经济、国防等领域极为重要的竞争利器。面对国家对战略科技支撑的迫切需求,面对国外对"卡脖子"技术的封锁,"神威"超级计算机总设计师金怡濂痛下决心研发中国自己的超级计算机——让我们自己成为"巨人"。

　　花甲之年的他率领团队奋战在超级计算机研发一线,也为此付出了超常的代价:每天深夜回到家时都几近虚脱,先要在沙发上躺半个小时才有力气开口说话。正是凭着这种永不服输、追求卓越的精神,超算团队把中国巨型机事业的梦想变成了现实。

　　如今,"神威·太湖之光"已经成为世界上运算速度最快的超级计算机,也是首台完全使用"中国芯"的超级计算机。"神威"让中国昂首站在世界超算前沿,成为世界超算领域的"巨人"。

红色经典里的 *中国精神*

我为什么要在这个时候入党

严济慈

解放前，我曾怀有"科学救国"的志愿，认为从事科学研究是人类最崇高的事业。因此，我不问政治，整天埋头科学。但是，旧社会的现实，使我不能实现自己的志愿。

解放后，由于社会性质的变化，在党的领导下，科研工作很快就开展起来并取得较好的成效。工作的实践，生活的比较，使我悟出这么一个道理：实现四个现代化，离不开科学，而科学的发展，离不开社会主义；社会主义又离不开党的领导。

一个真正的革命者，一个愿意为共产主义献身的人，他想的只能是革命的需要，在当前来说，就是"四化"的需要，而绝不是个人的得失。我是一个科学工作者，我将竭尽所能，为祖国的"四化"贡献一切。因此，在向"四化"进军的新长征途中，我要求入党的心情就更加迫切了，愿意把自己的希望和命运同党的事业紧密地联系在一起，把自己的有生之年献给祖国的社会主义现代化建设事业。

△ 1980年1月26日，严济慈在讨论通过其加入中国共产党的支部大会上

第三章　伟大变革

20世纪80年代，中国社会逐渐走入改革开放的时代，国门打开之后，各种不同的文化、思潮纷至沓来，人们在对过去的反思、对改革开放的憧憬、与西方文化的碰撞和交流中，经历着前所未有的观念重构。

1980年2月9日，《中国青年报》在头版位置刊发了一份不同寻常的入党志愿书，这是年近八旬的著名物理学家严济慈向党组织递交的入党志愿书。这份入党志愿书在读者中引起很大反响，不久，有读者写信提问："一位八十岁的科学工作者为什么要入党？"

△ 抗战期间严济慈在昆明领导建立的光学玻璃研磨车间及生产的光学元器件

为回应这些问题，严济慈写下一篇《我为什么要在这个时候入党》，于同年3月6日刊发在《中国青年报》上。"理想和信念是生活和工作的动力。"正是信仰的力量，促使严济慈在耄耋之年做出加入中国共产党的重要决定，"把自己的希望和命运同党的事业紧密地联系在一起"。

红色经典里的 *中国精神*

把青春献给社会主义祖国

卢永根

中华民族是伟大的民族，爱国主义是这个民族的光荣传统。我们民族由发生、发展到今天，经历了许多苦难和曲折，但是始终没有被削弱、被分裂、被消灭，而是不断前进。终于，在中国共产党的领导下，成为屹立于世界东方的巨人。

我们中华民族，在人类的文明史上是做过重大贡献的。在幅员辽阔的960万平方公里的土地上，我们的祖先用勤劳的双手，开垦出22亿亩耕地，驯化了20多种果树和作物。同时，我国也是世界8个重要的作物起源中心之一，对世界农业的发展，做出过重大的贡献。通过长期的驯化、选育，培育出了各种各样的动植物品种，这也是世界著称的。大家所熟悉的四大发明，都是我们民族首创的。在很古的时候，我们的祖先就已经掌握了精湛的建筑艺术。如北京、杭州和苏州等地各具风格的园林建筑就是证明。距今1300多年的隋代，我们的祖先开凿了全长1790公里的大运河，这也是目前世界上最长的人工运河。

我们的民族是酷爱和平的，但也从不屈服于外来的侵略。中国的知识分子有强烈的民族自尊心和民族自豪感，把自己的命运

第三章 伟大变革

同祖国的、民族的和人民的利益紧紧地联系在一起。在解放战争时期，北京大学有个名叫朱自清的教授，他拍案而起，宁可饿死也不吃美国救济粮的故事，充分表现出中国知识分子大义凛然的民族气节。当新中国刚诞生，钱学森等大批学者就纷纷回国。他们放弃了优厚的生活待遇和优越的工作条件，毅然回国。这是什么精神？这就是爱国主义精神！他们回国图的是什么呢？当时，在百废待举的新中国，不要说是享受，就连解决吃饭问题也是件很不容易的事情啊！这正如钱学森说的，我什么也不图，只有一个，为祖国争光。

青年学生当前爱国主义的具体行动体现在哪里？我认为应具体体现在以下四个方面：一是为振兴中华而勤奋学习和刻苦钻研。二是自觉地把自己的前途和命运与祖国的前途和命运紧紧地联系在一起。三是培养强烈的民族自尊心和民族自豪感，牢固树立为祖国争光的雄心壮志。四是清除利己主义思想。要关心集体，热爱生活。匈牙利著名诗人裴多菲曾经在一首诗中写道："生命诚可贵，爱情价更高，若为自由故，两者皆可抛。"如果我借用这首诗，可否稍为改动一下："生命诚可贵，爱情价亦高，若为祖国故，两者皆可抛。"

亲爱的同学们，你们这一代青年是幸福的，有着积极进取的向上精神。我今天的发言，如果能像一束小火花一样，点燃你们心扉中的爱国主义火焰，并迸发出热情，去为振兴中华而奋斗，那是我所热切期待的。

红色经典里的 *中国精神*

"为共产主义奋斗终身，随时准备为党和人民牺牲一切。"这是每个宣誓入党的人立下的誓言，是每个共产党员的庄严承诺。1949年8月9日，19岁的卢永根在香港一个悬挂着党旗的小房间里，面向北方，庄严宣誓。从此，8月9日取代了他的生日，成为他生命中最重要的日子。

2017年3月，87岁高龄身患癌症的卢永根，意识到自己正一步步走近生命的终点，他和老伴商量后，做出一个在他们看来很平常，但在其他人看来很不寻常的决定：把毕生积蓄8809446.44元捐赠给华南农业大学教育发展基金会，用于奖励品学兼优的贫困学生，嘉奖忠诚于教学科研的教师，资助国内外著名科学家前来讲学交流。

△ 这件绿毛衣，多次出现在卢永根不同年份的照片里

第三章 伟大变革

只有华南农业大学的师生才了解，在这位老校长慷慨捐赠的背后，是对自己近乎苛刻的厉行节约：在卢永根的家里，几乎没有值钱的电器，他和老伴一直用着老式收音机、旧沙发、旧铁架床；一件绿毛衣，他穿了几十年；即便上了年纪，有事外出，他也从来不用学校配的专车，而是背上挎包去坐公交车。也正因为卢永根的节俭，人们亲切地称他为"布衣院士"。

虽然疾病缠身，但卢永根在病房里依然坚持参加党员活动，过组织生活，他说："我的意识是清醒的，我的牵挂是不变的，我的信仰是坚定的！""是党培养了我，把财产还给国家，是我最后的贡献。"这些朴素的话语，是这位老共产党员最赤诚的表达！就在捐出毕生积蓄后不久，卢永根又签下一份协议，身后捐献自己的遗体——他把所能奉献的全部，都毫无保留地献了出来。

1984年，卢永根在给学生做的报告《把青春献给社会主义祖国》中，修改了裴多菲的箴言诗《自由与爱情》："生命诚可贵，爱情价亦高，若为祖国故，两者皆可抛。"在他心里，党和祖国高于一切，他用一生，为自己所坚守的信仰做了最好的诠释。

△ **年逾七旬的卢永根仍然坚持野外考察**

红色经典里的 中国精神

坚定信仰，实现梦想[1]

杨利伟

亲爱的青少年朋友们：

　　浩瀚宇宙、茫茫星空，寄托着人类千万年来的共同梦想。万户，齐奥尔科夫斯基，加加林，阿姆斯特朗，这些名字代表着人类为了实现太空梦想所进行的不懈探索。

　　中国载人航天工程自1992年启动以来，从一人一天到多人多天，从舱内活动到出舱活动，我们航天员带着全国人民的厚望和期待，带着全国青少年的希望和祝福，一次次地飞向太空，在太空尽情展示着中国的梦想。未来，我们航天员将在太空实现长期驻留，并必将飞向更加遥远的地方！

　　青少年朋友们，航天的征程是令人神往的，航天的征程也是充满风险的，美、俄载人航天历史上都发生过损失惨重的航天灾难。我们航天员深知从事这项事业的残酷性，但是我们更深知我们所肩负的是祖国和人民的重托、一代代航天人的信仰和付出。我们曾面向党旗发出誓言，为了祖国的航天事业，为了民族的飞天梦想，甘愿献出我们的一切！这就是我们的信仰。

---

[1] 节选自杨利伟于2011年7月15日在《中国载人航天科普丛书》首发式暨载人航天科普讲座中代表全体航天员宣读的致青少年读者的一封信。

第三章　伟大变革

信仰是力量，信仰是追求，信仰是激励着我们中国航天人奉献智慧、汗水、青春乃至鲜血的根本动力！

青少年朋友们，乘风破浪会有时，直挂云帆济沧海。你们是祖国的未来，你们是中华民族伟大复兴的希望！未来，在航天员队伍中，在航天专家队伍中，在祖国建设的各个领域里，都会有你们矫健的身影。千里之行，始于足下。希望你们从现在开始，培养勇于承担社会和历史重任的意识，树立远大的理想抱负和对美好未来的信仰，努力学习科学文化知识，发奋图强、拼搏进取，勇于实践、不怕挫折，持之以恒，坚定执着，为祖国的繁荣富强贡献最大的力量！

祝青少年朋友们早日成才！

杨利伟 及

中国人民解放军航天员大队全体航天员

2011 年 7 月 15 日

我国古代就有嫦娥奔月的美丽传说、夸父逐日的动人神话、牛郎织女的凄美故事，以及敦煌壁画中千姿百态的飞天图景。现代宇宙航行学的奠基人、航天学和火箭理论的奠基人康斯坦丁·齐奥尔科夫斯基曾说："地球是人类的摇篮，但人类不可能永远被束缚在摇篮里。"

20 世纪 50 年代，中国百废待兴。1956 年 2 月，著名科学家、中国航天事业奠基人钱学森向中央提出了《建立我国国防航空工业的意见》。同年 3 月，中央决定组建专门从事火箭、导弹研究的机构，中国航天事业由此起步。1986 年，我国改革开放总设计师邓小平在科学家王大珩、王淦昌、杨嘉墀、陈芳允联合提出的《关于跟踪研究外国战略性高技术发展的建议》上做出"此事宜速作出决断，不宜拖延"的重要批示，"863 计划"由此诞生。该计划的实施，使我国载人航天相关技术正式列入了国家重点发展计划。

1992 年 9 月 21 日，经中央批准，中国载人航天工程正式启动。基于我国国情及实际考虑，工程从飞船起步，按"三步走"发展战略实施：第一步，发射载人飞船，建成初步配套的试验性载人飞船工程，开展空间应用实验；第二步，突破航天员出舱活动技术、空间飞行器的交会对接技术，发射空间实验室，解决有一定规模的、短期有人照料的空间应用问题；第三步，建造空间站，解决有较大规模的、长期有人照料的空间应用问题。中国载人航天事业由此踏上征程。

1999 年 11 月 20 日，第一艘试验飞船"神舟一号"在酒

第三章 伟大变革

泉卫星发射中心发射升空，21小时后，飞船成功着陆，中国载人航天工程首飞取得圆满成功。随后，相继发射了"神舟二号""神舟三号""神舟四号"三艘飞船，飞船的各项性能得到不断完善，为载人航天飞行奠定了坚实的基础。

2003年10月15日，"神舟五号"载人飞船在酒泉卫星发射中心发射升空，飞船载着中国航天员杨利伟在太空遨游14圈后，安全

△ "神舟五号"任务航天员杨利伟进入飞船前向人们挥手告别

着陆于内蒙古自治区四子王旗。中共中央、国务院、中央军委对中国首次载人飞行任务圆满成功发来贺电："这是中华民族在攀登世界科技高峰征程中完成的一个伟大壮举。"中华民族的千年飞天夙愿一朝梦圆！

2005年10月12日，费俊龙、聂海胜两名航天员驾乘"神舟六号"在酒泉卫星发射中心冲破云霄。飞船在太空中飞

红色经典里的 *中国精神*

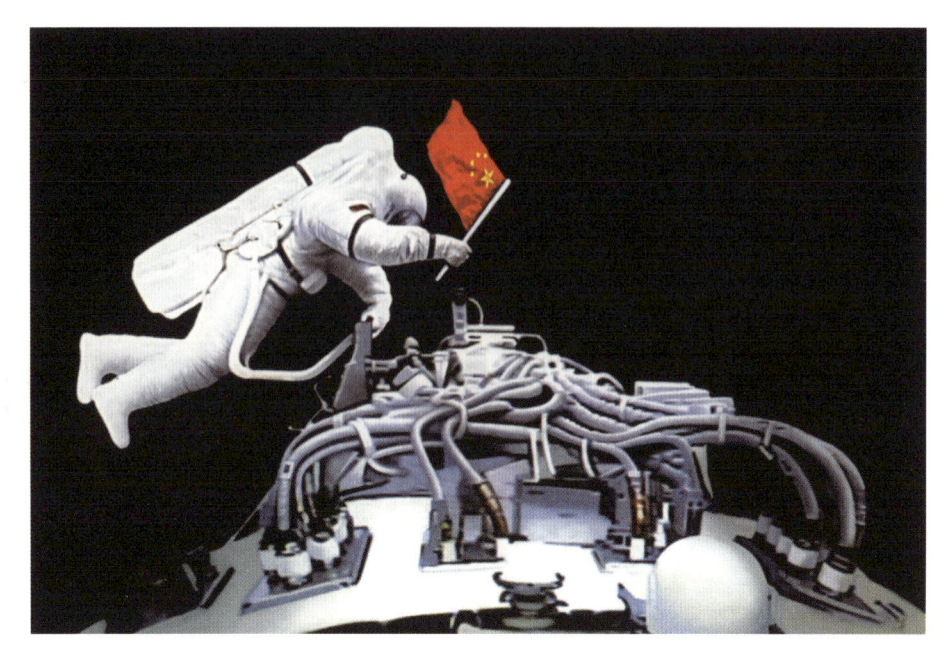

△ 翟志刚在太空中挥舞国旗向世界问好

△ "神舟七号"航天员出舱活动

第三章　伟大变革

行了 115 小时 32 分钟，成功绕地球 77 圈后安全返回，"多人多天"成功巡天，圆满实现了工程第一步任务目标。

2008 年，中国载人航天事业又迈出了重大一步。2008 年 9 月 25 日，翟志刚、刘伯明和景海鹏三名航天员驾乘"神舟七号"飞船冲破夜空的寂静，一飞冲天。9 月 27 日，航天员翟志刚打开飞船轨道舱舱门，迈出中国人漫步太空的第一步，他挥舞国旗，在太空中向世界问好。此举使我国成为世界上第三个独立掌握空间出舱活动关键技术的国家。

2011 年 9 月 29 日，我国"天宫一号"空间目标飞行器成功发射。2011 年 11 月 3 日凌晨，经过捕获、缓冲、拉近、锁紧四个步骤，"神舟八号"飞船与"天宫一号"目标飞行器成功实现刚性连接，形成组合体，我国首次空间交会对接试验获得成功，成为世界上第三个自主掌握空间交会对接技术的国家。

2012 年 6 月，"天宫一号"和"神舟九号"先后通过自动控制和手动控制两次对接成功，航天员景海鹏、刘旺，以及中国首飞女航天员刘洋入驻"天宫一号"。

2010 年 9 月，我国空间站实施方案获中央政治局常委会审议批准。中国载人航天工程将迎来"空间站时代"，"特别能吃苦、特别能战斗、特别能攻关、特别能奉献"的载人航天精神，也将在浩渺太空持续闪耀！

红色经典里的 *中国精神*

建大国重器从打好螺丝钉开始

孟 维

我18岁进入徐工集团,成为一名普通车床操作工。第二年,企业首次引进数控设备,我成为首批数控车工。最初面对陌生的数控机床操作界面时,感到一筹莫展,但我没有气馁,一门心思想着一定要把数控加工技术学会、学深、学透、学精,在数控加工岗位上干出一番天地。

为支撑国家大型风电项目的发展,我们集团承担了2600吨级全地面起重机的研发任务。这个庞然大物在当年是当之无愧的"全球第一吊",很多设计指标都没有先例可循,所有攻关都必须从零起步。

研发经历了数十次失败,问题出在一个承重部件的异形螺纹上,每次都是从这里断裂。不能放弃,决不能放弃!我突破传统思路,从开发刀具入手,整整做了18件刀具,终于把这个繁复螺纹"雕刻"出来,让"全球第一吊"挺起了脊梁。

社会主义是干出来的。再庞杂的大国重器,也要从打好螺丝钉开始。每个奋斗在一线的工人,都要有成为"匠"的追求。我们为中国制造发光发热,见证着、书写着中国品牌闪耀世界的历史篇章。

第三章　伟大变革

"一人脏换来万人净"的淘粪工人时传祥,"宁肯少活二十年,拼命也要拿下大油田"的大庆"铁人"王进喜,以"振超效率"打破集装箱装卸世界纪录的产业工人许振超……无数个在平凡岗位创造非凡成绩的劳动者,以实际行动对劳模精神、劳动精神、工匠精神做出最好诠释,成为以爱国主义为核心的民族精神和以改革创新为核心的时代精神的生动体现。

"社会主义是干出来的。"劳模、工匠,用他们"苦干加巧干"的创新实践,树立起新时代劳动者的标杆。就像"大国工匠"孟维所说:"带动更多产业工人由'工'变'匠',是我的责任担当。"

"爱岗敬业、争创一流,艰苦奋斗、勇于创新,淡泊名利、甘于奉献"的劳模精神,生动诠释了社会主义核心价值观,是我们的宝贵精神财富和强大精神力量。

人生的价值在哪里[1]

吴孟超

有人问我:"你这一辈子不停地看门诊、做手术,会不会觉得很累,有没有感到很枯燥?"我的体会是:一个人全神贯注地做他愿意做、喜爱做的事情,是很愉快的。我从拿起手术刀、走上手术台的那天起,看到一个个肝癌病人被救治,看到一个个肝病治疗禁区被突破,看到一个个康复者露出久违的笑容,常常情不自禁地高兴,发自内心地喜悦。

作为一名知识分子,只有把个人的发展与祖国和人民的需要紧紧联系在一起,我们的知识价值、人生价值才会有很好的体现。

在医生这个岗位上,我感悟了生命的可贵、责任的崇高、人生的意义。看来,我这一辈子是放不下手术刀了。我曾反复表达过个人的心愿:如果有一天我真的倒下了,就让我倒在手术室里吧,那将是我一生最大的幸福!

---

[1] 节选自《我的几句心里话》。

第三章 伟大变革

作为中国肝胆医学的开拓者和创始人之一的吴孟超,将从医之道总结为"为医者德为先",这也是他70年从医最深刻的感悟。

在吴孟超的感悟中,医生的德主要体现在对病人要有"三心":仁爱之心、责任之心、同情之心。几十年来,他在冬天查房时,都是先把双手用力搓热或在口袋里捂热后,再去接触病人的身体。在每次为病人做完检查后,他还会顺手为他们拉好衣服和被角、协助他们系好腰带,并弯腰把地上的鞋子放到他们最容易穿的地方。他做手术,用的麻醉药和消炎药都是最普通的;结扎都是用传统的手缝而不用专门的器械;给病人用的引流管,是买来成捆的塑料管,亲自将它们截成一段一段做成双套引流管,不仅效果好且每根只要1元钱,而市场上一根单纯的引流管的价格在30元以上。

秉持着对病人的仁爱之心、责任之心、同情之心,吴孟超在近90岁高龄时,每周仍然会完成几台高难度的肝癌切除手术。他常说:"医生的责任,就是把病人一个一个都背过河去。倒在手术室里,是我一生最大的幸福!"

△ 吴孟超手术成功后的喜悦
(《解放军报》记者/摄)

红色经典里的 **中国精神**

如果再给我一次选择的机会[1]

黄大年

在青年时代,我就梦想能走出父母下放的山区,考入大学。一场发生在唐山的里氏 7.8 级地震,夺走了几十万人的生命,让我看到了面对自然界巨大而无情的毁灭性打击,人类如同茫茫大海中的一叶孤舟,显得如此弱小、不堪一击。从此,我走上

△ 黄大年给同学的毕业赠言

△ 青年时代的黄大年

---

[1] 节选自黄大年于 2012 年 7 月 5 日在东北亚高端人才峰会上的发言。

第三章　伟大变革

了探索地球奥秘之路。

"揭示地球深部奥秘，造福人类"是一种追求。我们赖以生存的家园是一个神秘而美丽的星球，它需要更多的关注、更多的思考、更多的保护。我的工作就是通过航空搭载、卫星搭载、水面和水下潜航器搭载，探测地下资源。

在英国学习和工作的18年，我实现了人生的第二个梦想。那就是出国梦、成功梦。然而，我时刻都在思念祖国、思念家乡，我说服妻子放弃一切，全职回国。她又一次放弃了心爱的事业，含泪与我同行，告别英国剑桥，回到祖国，回到家乡。

我于2009年12月在归国的飞机上度过了海漂的最后一个平安夜，回到吉林省报到，回到曾经学习和工作过的母校报到。此时此刻，我又成功地圆了我的回归祖国梦。

我希望用学到和掌握的知识为国家由科技大国向科技强国的发展服务。回到吉林大学地球探测科学与技术学院，我曾经学习和工作过的地方。我们学生时代的班级自习室和我现在工作的办公室，经过近20年的再回归，误差不到20米。

20年的祖国飞速发展，今天的母校今非昔比，今天的长春今非昔比，今天的中国今非昔比。

如果说，人生再给我一次选择的机会，我还是会选择我的母校，实现我的回归梦。我由衷地庆幸，我曾经有过一个又一个梦想，它们一次又一次实现。我由衷地感谢这片黑土地，孕育了那种不怵塞外寒冷、以小博大、逐鹿中原、壮大中华的豪气和情怀。

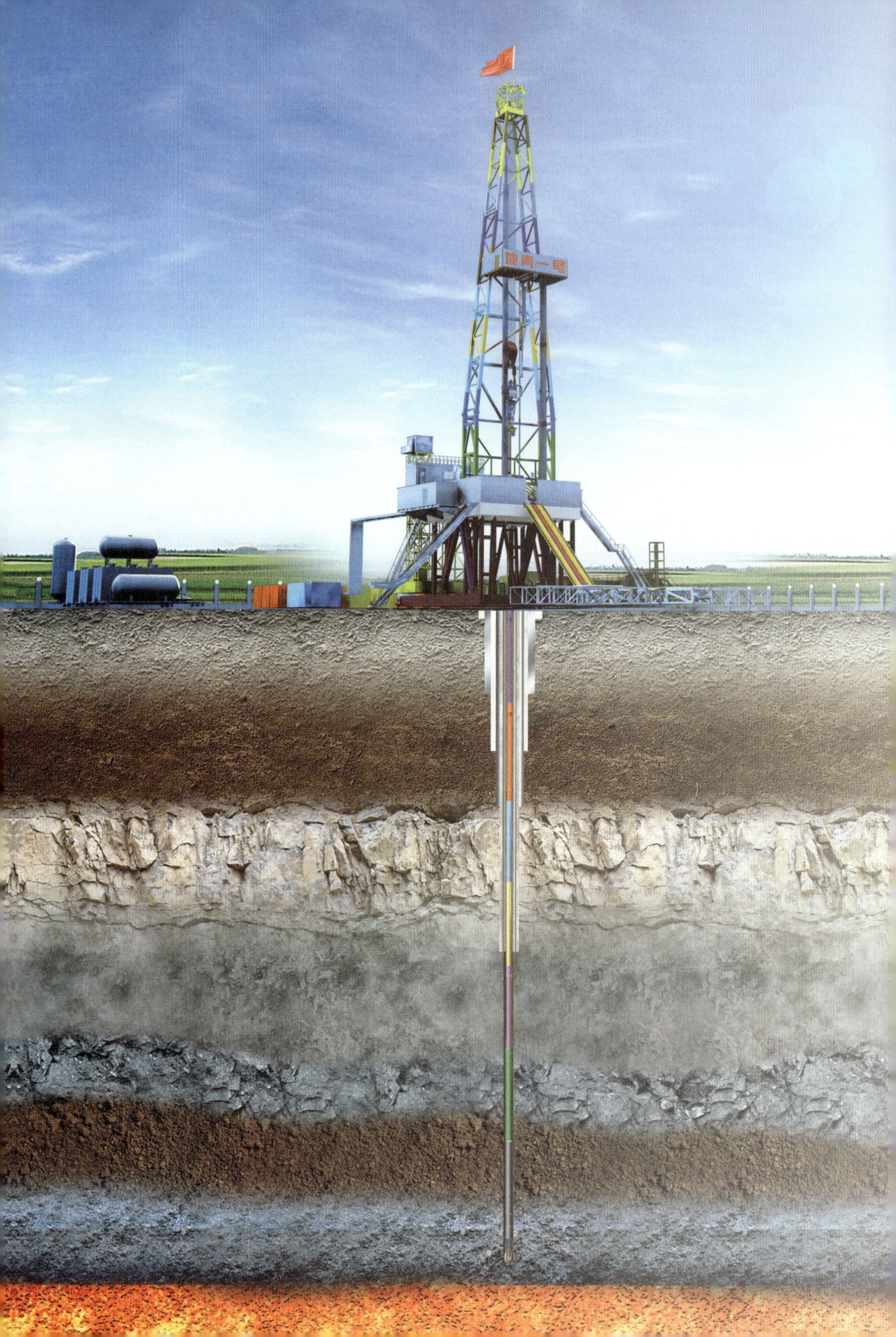

第三章　伟大变革

改革开放使中国科技事业迎来发展的春天，我国科技工作者在基础研究、前沿技术等领域勇攀高峰，屡创佳绩："神舟"飞天，"嫦娥"探月，"蛟龙"下海……中国科技事业一次次迎来突破，一次次刷新人类探索的极限。

"入地"与"上天""下海"一样。是人类探索自然、认识自然和利用自然的一大壮举。虽然我国的深地探测起步较晚，但却在短短数年间取得了超越之前数十年的成绩。这些成绩的取得，源自我国深地探测科研团队前赴后继的科研攻关和忘我付出。我国著名地球物理学家黄大年，就是他们的杰出代表。

黄大年，这位在大学毕业时的同学赠言中写下"振兴中华，乃我辈之责"的科学家，于2009年响应国家召唤，毅然放弃在国外已有的科技成就和舒适生活，回到祖国。

回国后的黄大年被选为"深部探测技术与实验研究专项"第九项目的负责人。他带领团队夜以继日地开展工作，为了保证工作时间，他几乎每次出差都是乘最早的航班出发，乘最晚的航班返回，正餐也常常以一两根玉米代替。

在黄大年团队的努力下，我国在多项关键技术方面进步显著，成功突破了国外对中国的技术封锁。黄大年把他从青年时代就立下的志向，把他的梦想，融进了他深深热爱的这片土地，融进了"振兴中华"的伟大事业。

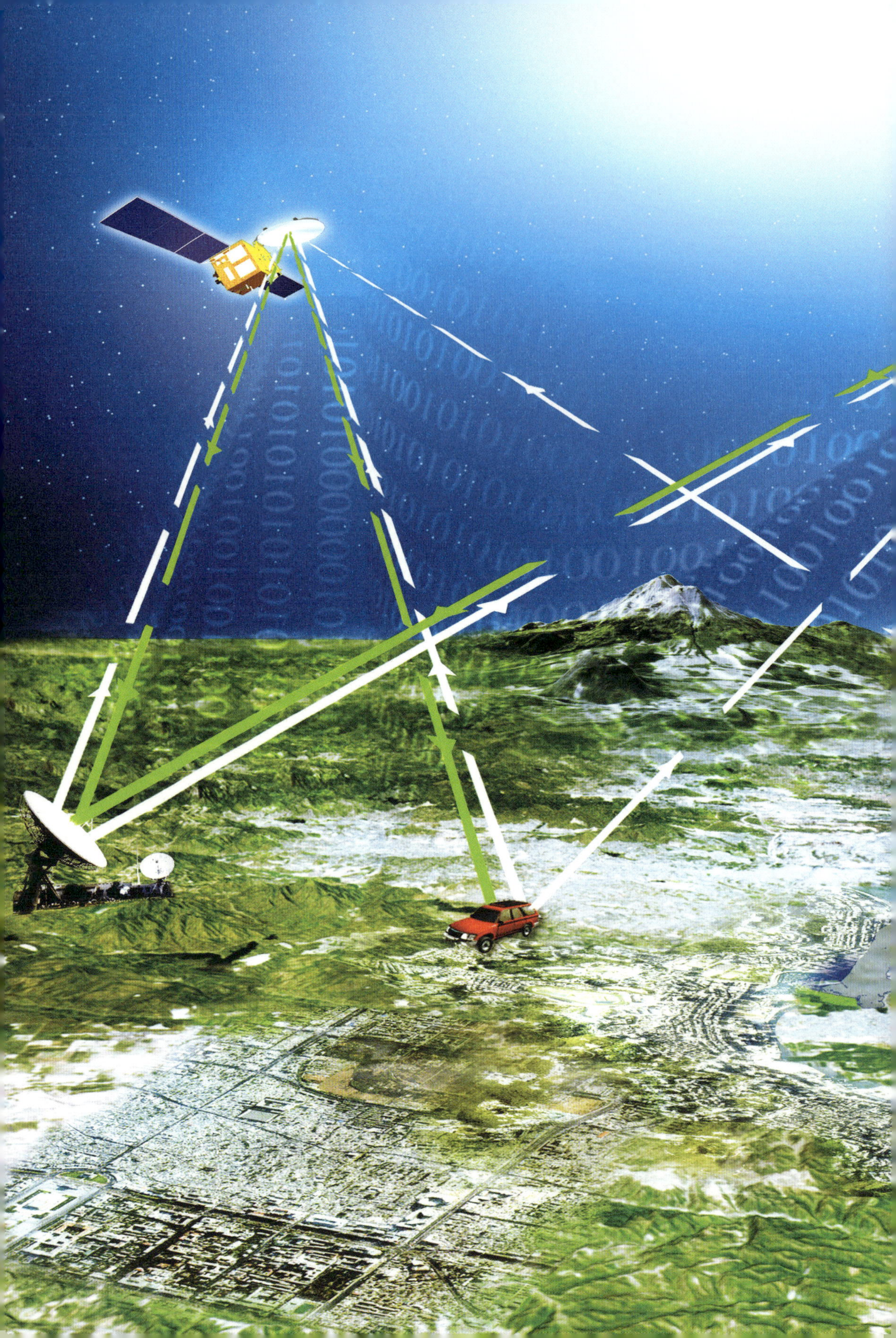

第四章

崭新擘画

红色经典里的 *中国精神*

  党的十八大以来，党和国家事业取得历史性成就、发生历史性变革，中国特色社会主义进入新时代。

  "小康不小康，关键看老乡"，没有农村的小康特别是没有贫困地区的小康，就没有全面建成小康社会。在迎来中国共产党成立一百周年的重要时刻，我国脱贫攻坚战取得了全面胜利，完成了消除绝对贫困的艰巨任务，创造了又一个彪炳史册的人间奇迹！把"勿忘人民、勿忘劳动"作为人生信条的申纪兰，"把我变成农民，把农民变成我"的"太行新愚公"李保国……无数为实现全面小康而奋斗的前行者，铸就"上下同心、尽锐出战、精准务实、开拓创新、攻坚克难、不负人民"的脱贫攻坚精神，激励我们在新征程上谱写更加辉煌的篇章。

  2020年，来势汹汹的新冠肺炎疫情肆虐全球。在这场大自然对人类的大考面前，党领导全国人民，迅速打响疫情防控的人民战争、总体战、阻击战，铸就了"生命至上、举国同心、舍生忘死、尊重科学、命运与共"的抗疫精神，创造了人类同疾病斗争史上又一个英勇壮举！

  在民族复兴的征程上，"为民服务孺子牛、创新发展拓荒牛、艰苦奋斗老黄牛"的"三牛"精神，激励了一代代奋斗者勇毅前行。全心全意为百姓谋利益的焦裕禄，"心中装着全体人民、唯独没有他自己"。被称为"中国核潜艇之父"的彭士禄说："我不是什么'之父'，只是核动力领域的一头拓荒牛。"大庆"铁人"王进喜说："我心甘情愿为党、为人民当一辈子老黄牛。"

  新时代，我们党做出"加快建设科技强国，实现高水平科

第四章　崭新擘画

技自立自强"的崭新擘画。"科学成就离不开精神支撑。"我国科技事业取得的历史性成就，展现着我国科学家"爱国、创新、求实、奉献、协同、育人"的精神追求。钱学森说："我所做的一切，都因为我是中国人，我的事业在中国，我的归宿在中国！"爱国，永远是科学家精神最亮的底色。

在中华民族从站起来、富起来到强起来的奋斗历程中，一大批胸怀家国天下的企业家写下救国、报国的动人篇章。在抗战烽火中组织运送物资的华侨领袖陈嘉庚，在抗灾、抗疫、脱贫攻坚中发挥重要作用的国企、民企……新征程上，企业家精神历久弥新。

2020年7月31日，"北斗三号"全球卫星导航系统正式开通，中国北斗开始为世界导航。2020年12月，"嫦娥五号"返回器携带月球样品返回地球，探月工程"三步走"任务完美收官。历任"东方红一号""嫦娥""北斗"技术负责人的"共和国勋章"获得者孙家栋曾说："中国人就是将'不可能'变成了'可能'！"传承于"两弹一星"精神的载人航天精神、探月精神、新时代北斗精神，在中国人探索星辰大海的漫漫征途上持续闪耀，熠熠生辉。

中华民族伟大复兴的征程，也是走向人类命运共同体美好愿景的征程。在"一带一路"沿线国家，以"和平合作、开放包容、互学互鉴、互利共赢"为核心的丝路精神孕育的文化精品、科技成果惠及世界人民。中国将在创造人类文明新形态的时代史书上，谱写恢宏激扬的华彩篇章！

红色经典里的 中国精神

人民代表就要代表人民的利益

申纪兰

人民代表就要代表人民的利益,要是代表自己,就不是人民代表了。

我们要永远听党话,跟党走,吃苦在前,享受在后,为人民办实事。群众选你当代表,能办到的事就千方百计办,办不到的事也要尽力而为。

我是农民代表,每天生活在农村,知道农民想甚、盼甚。我要为农民代言。把群众的声音带到中央去,把党的声音带回来。

第四章　崭新擘画

只要党员干部不脱离群众，群众就不会脱离我们。我是太阳底下晒出来的，不是办公室里坐出来的。不是西沟离不开我，是我离不开西沟。我离不开西沟，就像鱼儿离不开水。

我参加人民代表大会以来，国家一次比一次好，变化一次比一次大。

要幸福就要奋斗，不奋斗就没有幸福，我们山上这些树，要不奋斗哪能长起来。奋斗就是胜利，奋斗就是幸福，奋斗就是小康。

现在贫困地区脱贫任务还很重，必须发扬艰苦奋斗精神，听党话，跟党走，打赢这个仗，男女老少一起上！咱一定要坚持科学发展、绿色发展，坚持高质量发展，不说漂亮话，就一个字：干！按照党的要求干，就没有什么干不成的事情。

红色经典里的 中国精神

"小康不小康,关键看老乡",全面建成小康社会最艰巨、最繁重的任务在农村,特别是在贫困地区,没有农村的小康特别是没有贫困地区的小康,就没有全面建成小康社会。

党的十八大以来,我国平均每年有1000多万人脱贫,相当于一个中等国家的人口脱贫。在迎来中国共产党成立一百周年的重要时刻,我国脱贫攻坚战取得了全面胜利,完成了消除绝对贫困的艰巨任务,创造了又一个彪炳史册的人间奇迹!

申纪兰,我国唯一一位从第一届连任至第十三届的全国人大代表,"共和国勋章""全国劳动模范""脱贫攻坚奋进奖"等诸多荣誉获得者,她和一代代劳模带领西沟村走出的脱贫之路,是我国全面建成小康社会的缩影。

第四章　崭新擘画

1951年，担任西沟村农林牧生产合作社副社长的申纪兰，在全国率先提出"男女同工同酬"倡议，这项倡议被写入中华人民共和国第一部宪法。

为改善西沟村"七岭又八沟、山头光秃秃"的恶劣条件，申纪兰带领村民四处找树苗，从山石缝隙间挖出土来，集中到坑里，栽上树苗树籽，年复一年，终于让西沟村披上新绿。她带领村民坚持不懈地修路、建坝，发展农林牧业和村办企业，把西沟村建设成为农林牧副工商全面发展的新农村样板。

申纪兰在80多岁高龄时，依然下地劳动，为家乡的发展四处奔波。"勿忘人民、勿忘劳动"，是申纪兰的人生信条，也是无数在实现脱贫攻坚、全面建成小康社会征程上努力前行的奋斗者的精神坐标。

红色经典里的**中国精神**

呈公主殿下书

余永流

公主殿下：

请饶恕臣今日又不辞而别，殿下尚在襁褓，未成满月，臣本不应早早辞别，留下殿下哇哇作语，臣心实有不忍，惭愧于心，敬呈其书，以表心志。

臣闻国之大计，系与民生，民强则国强、民富则国富，今国已定脱贫攻坚之策，时至今日，全面小康，决战取胜已在朝夕。臣食民之禄，不敢忘怀，民之所盼，系臣之职责，当不辱使命，攻坚克难。

臣学农，今日终有用武之地，实则臣之幸事，亦渐知农村之广阔天地，农事之于国，如广厦之基石，溪流之源泉，不可偏废，农桑之事尤为关键。

如今国之力日益强盛，诸般利好之政策普惠于民，寒门学子不再有无钱就学之惑，疾者不再有就医之难，贫者不再有危房之忧，臣之力亦在其中，臣之乐亦在其中。

臣拜书以闻，愿殿下听之信之，恕臣侥幸，臣感激涕零，不胜惶恐！愿殿下安好，茁壮成长。

余永流

二〇一八年四月二十八日作于泗渡镇观坝居

第四章　崭新擘画

脱贫攻坚伟大斗争，锻造形成了"上下同心、尽锐出战、精准务实、开拓创新、攻坚克难、不负人民"的脱贫攻坚精神，是伟大民族精神和时代精神的充分彰显。

在脱贫攻坚斗争中，1800多名同志将生命定格在了脱贫攻坚征程上，生动诠释了共产党人的初心使命。驻村干部余永流就是他们中的一员。

2018年3月，在小女儿出生仅月余，余永流主动申请到贵州省遵义市泗渡镇观坝社区驻村。在驻村的两年多时间里，他走遍了社区的28个居民组，逐一走访240户建档立卡贫困户。这位曾经因家贫弃工学农的寒门学子，把全部的热忱和学识投入到扶农助农、脱贫攻坚的事业中。

2020年12月1日，连日加班的余永流身体突发不适，救治无效去世，生命定格在33岁。在他生前使用的办公电脑中，人们找到了他写给女儿的家书——《呈公主殿下书》。这封信写于2018年4月28日，是余永流在小女儿出生21天时写下的，字里行间写满浓浓的父爱和深沉的家国情怀。

红色经典里的 **中国精神**

用农民的语言和他们交谈[1]

李保国

我 1981 年大学毕业后留校任教,从事山区开发与经济林栽培技术开发推广工作,至今已 30 多年。30 年来,我把自己最好的论文写在了太行山上,印在了河北山区人民群众的心中。

从那时至今,我的足迹踏遍了河北省山区。30 年与农民朝夕相处,我与农民结下了深厚感情,我学会了用他们的语言和他们交谈,传播新技术。推广新技术时,我手把手地教村民们操作,

---

[1] 节选自《情系山区三十载 科技富民永无悔》。

第四章　崭新擘画

常常是一个小时才能教会一个人，但我从没有嫌麻烦。而朴实的山民也用他们特有的方式时时打动着我，鼓舞着我。每逢正月到村里，家家户户都邀请我吃饭，有时一天得赴六趟老乡的饭局。一次在村外遭遇交通阻塞，我又急着赶回去上课，村民甚至拆掉了自家院墙，为我开辟出行道路。每想起这些，我的心中就涌起一股热流。为了这些农民兄弟的真情，我愿意把自己的知识和能力全部贡献出来。

这些年我努力用自己的工作，为改变河北省山区"旱、薄、蚀、穷、低"的状况做一分微薄的贡献。党和国家给了我很多荣誉，村民们甚至把我的名字和事迹刻录成碑文，矗立在村口。我只有更加努力地工作，才能不辜负党和国家，不辜负这片土地上的乡亲们。

红色经典里的 中国精神

"把我变成了农民,把农民变成了'我'。"这是"太行新愚公"李保国的质朴话语,他用35年踏遍青山,用自己的脚步践行了"把最好的论文写在祖国的大地上"。

20世纪80年代初,刚刚开始从事农业技术推广工作的李保国还是课题组里的年轻同志,在老先生的带领下,他和同事们一道,风餐露宿,踏遍了项目中心区的山头地块。他们常常是早上五点起床上山,晚上七八点才返回。山里条件差,上山带几个馒头一瓶水就很满足了,夜里甚至只能点柴油灯。就这样获取了详尽的第一手技术资料。

第四章 崭新擘画

从那时起，30多年来，他在提供林业技术推广服务时坚持有求必应，每年200天以上的时间，是在山区农村第一线度过的。不论是搞科研，还是技术推广和开发，都坚持讲求实效，不搞劳民伤财没效果的样子工程，因此，受到群众拥护。

2016年4月10日，年仅58岁的李保国心脏病突发，经抢救无效不幸去世。他心系群众、扎实苦干、奋发作为、无私奉献的高尚精神，激励着科技工作者自觉为人民服务、为人民造福，努力做出无愧于时代的业绩！

红色经典里的 中国精神

人民至上，生命至上[1]

钟南山

　　人民安全是国家安全的基石，人类健康是社会文明进步的基础。面对突如其来的新冠肺炎疫情，以习近平同志为核心的党中央统筹全局、果断决策，坚持把人民生命安全和身体健康放在第一位，全党全军全国各族人民上下同心、全力以赴，取得抗击新冠肺炎疫情斗争重大战略成果，创造了人类同疾病斗争史上又一个英勇壮举。

　　回顾中国人民抗击新冠肺炎疫情的艰苦斗争，一个个感人细节诠释着人民至上的价值理念，一件件生动事实彰显着生命至上的使命担当。习近平总书记强调："人民至上，生命至上，保护人民生命安全和身体健康可以不惜一切代价。"无论是出生仅30多个小时的婴儿，还是100多岁的老人，我们都全力救治；优秀的人员、急需的资源、先进的设备，我们都全力保障；所有的救治费用全部由国家承担，所有的救治方案全部用上……为挽救每一个生命倾尽全力，这是我们抗击疫情的普遍共识，"人民至上，生命至上"是中国抗疫斗争最鲜明的底色。对于广

---

[1] 节选自钟南山院士发表在《人民日报》的文章《人民至上，生命至上》。

第四章 崭新擘画

大医务人员来说，自己的工作是"健康所系、生命相托"。这份责任不但成为医务人员在应对突发公共卫生危机时无畏前行的动力，还时刻提醒着医者是人类与病魔斗争的最后一道防线，而这背后就是生命的重量。这次抗疫斗争让我们更加明确：不管是面对急性传染病还是多发、常见及危害大的各种慢性病，保障全国人民身体健康和生命安全，永远是我们公共卫生及医疗战线工作者的首要使命。

坚持"人民至上，生命至上"，还需要科技的支撑。习近平总书记指出："科学技术是人类同疾病斗争的锐利武器，人类战胜大灾大疫离不开科学发展和技术创新。"创新是引领发展的第一动力，科技是战胜困难的有力武器。新中国成立以来，我国医疗卫生事业不断发展，在科技创新的推动下，我国基础医学、临床医学、预防医学、中医药学各个方面都取得了众多举世瞩目的成就。正是这些成就，成为我们抗击疫情的最有力武器。现在，我们正发挥新型举国体制的优势，集中力量开展核心技术攻关。例如，我国疫苗的研发在国际上处在第一方阵。接下来，我们有信心在检测方法、临床救治、疫苗药物等方面通过自身努力以及开展国际合作，取得新进展。在未来，我们将继续依靠科技进步战胜困难、解决问题，为确保"人民至上，生命至上"提供强有力的科技支撑。

红色经典里的 *中国精神*

2020年，无论对于中国还是世界，都是极不平凡的一年。当中国迎来决胜全面建成小康社会的关键节点，即将站上"两个一百年"奋斗目标交汇的历史方位，当世界面临百年未有之大变局，一场大自然对全人类的考验，悄然而至——来势汹汹的新冠肺炎疫情肆虐全球。这是百年来全球发生的最严重的传染病大流行，是新中国成立以来我国遭遇的传播速度最快、感染范围最广、防控难度最大的重大突发公共卫生事件。

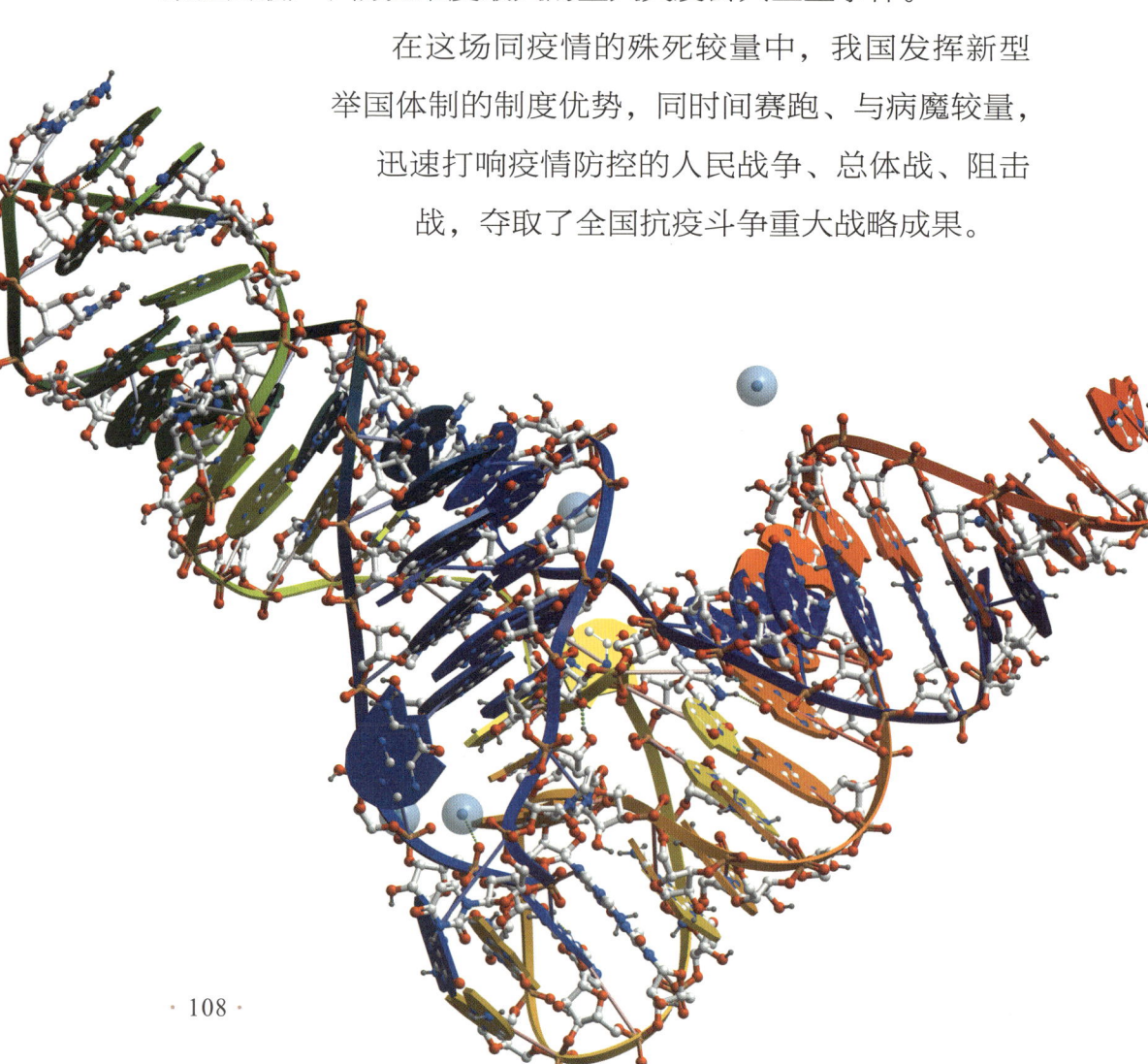

在这场同疫情的殊死较量中，我国发挥新型举国体制的制度优势，同时间赛跑、与病魔较量，迅速打响疫情防控的人民战争、总体战、阻击战，夺取了全国抗疫斗争重大战略成果。

第四章　崭新擘画

在疫情突袭武汉之际，84岁的钟南山星夜兼程奔赴抗疫最前线。在接受采访时他几度哽咽却坚定地说："武汉是一座英雄的城市，武汉肯定能过关！"

身患渐冻症、步履蹒跚的张定宇，始终坚守在救治危重症患者的第一线。他说："我必须跑得更快，才能跑赢时间，才能从病毒手里，抢回更多的病人。"

△ 工作中的钟南山

△ 钟南山写下《寄少年》勉励学子成为国之栋梁

张伯礼因多日劳累做了胆囊摘除手术，笑言与武汉人民"肝胆相照"。陈薇在接受研发疫苗的紧急任务时，给出"除了胜利，别无选择"的坚定回答。

在这场大自然对人类的大考面前，中国科技工作者与全国人民一起，铸就了"生命至上、举国同心、舍生忘死、尊重科学、命运与共"的抗疫精神，向世界展现了中国精神、中国力量、中国担当，创造了人类同疾病斗争史上又一个英勇壮举！

红色经典里的 **中国精神**

我的中国梦[1]

师昌绪

我的中国梦，始自家国离乱的残酷现实，以及让祖国强大起来的强烈心愿。20世纪30—40年代，军阀混战、日寇入侵，我立下强国之志——让中国强盛起来。这个志向一直激励我前进，至今不改。基于"实业救国"的考虑，我读大学时，选择读采矿冶金工程。1948年，我留学美国，转而攻读冶金与材料。

我的中国梦，发酵于对故土的牵挂和对民族强盛的渴望。20世纪50年代初，美国政府阻挠中国留学生回国，我经过艰苦斗争，于1955年回到新中国的怀抱。我是中国人，祖国需要我，所以，我不顾任何阻挠一定要回到祖国。

我的中国梦，融进了高温合金铸造这一航空发动机涡轮叶片新领域。我从事金属材料的研究与开发，一干就是30年。我们攻克了铸造空心涡轮叶片的世界性难题，这是中国科技工作者做出的具有开拓意义的工作。

作为一个中国人，就要对中国做出贡献，这是我人生的第一要义！

---

[1] 节选自《让祖国强大起来》。

第四章　崭新擘画

在实现中华民族伟大复兴中国梦的奋斗历程中，中国科学家把人生理想融入国家富强、民族复兴的伟大事业，把科研方向聚焦于解决国民经济和社会发展面临的关键科技难题，为经济社会发展提供了有力支撑。

材料科学家、2010年度"国家最高科学技术奖"获得者师昌绪，

△ C919 大型客机圆满首飞

△ 1968 年，师昌绪（左二）到工厂检查发动机涡轮盘

红色经典里的 中国精神

在回顾自己的科研人生时，把为祖国做贡献定义为"人生第一要义"。

这位被誉为"材料医生"的科学家，一直致力于材料科学研究与工程应用工作。20世纪60年代，我国战机发动机急需高性能的高温合金叶片，他率队研制的铸造九孔高温合金涡轮叶片，解决了一系列技术难题，使我国成为继美国之后第二个自主研发该关键材料技术的国家。

即便在耄耋之年，师昌绪依然极力倡导并参与我国高强碳

第四章 崭新擘画

纤维的研发与应用,并积极建言大飞机等国家重大科技工程的立项工作。他科研经历中每个阶段的工作,都紧紧围绕解决国民经济和社会发展关键问题而展开,始终把人生理想和个人事业与国家科技事业的发展紧密联系在一起。

中国几代科学人的砥砺奋进铸就了"爱国、创新、求实、奉献、协同、育人"的科学家精神,这一精神坐标将激励广大科技工作者在实现高水平科技自立自强的新征程上再创辉煌!

红色经典里的 *中国精神*

为国为民为科学

曾庆存

科学家精神是什么？可总结为一句话和一首诗。

一句话：为国为民为科学。所谓"科学没有国界，科学家有祖国"。个人体会是，在今天，科学家如不为国家富强和人民幸福而服务、不为科学而献身，他的研究是一定搞不好的。

一首诗：为人民服务，为真理献身，有黄牛风格，具塞马精神。

有了为国家和人民服务的思想、为科学真理献身的精神还不够，在学习和工作中还要有老黄牛那种吃苦耐劳的风格，平时多多积累、不断提升，而在党和国家事业需要你的关键时刻，则要像驻守边塞的骏马一样，奋勇争先，勇敢地向前冲。

中国要成为世界科技强国，必须有更多能耐得住寂寞、坐得住冷板凳的青年人投身科研事业，秉持"为国为民为科学"的信念，不畏艰险，勇攀高峰！

△ 曾庆存手书

第四章　崭新擘画

"为国为民为科学。"这是2019年度"国家最高科学技术奖"获得者曾庆存院士对科学家精神的理解。

新中国成立前，我国气象事业较落后。曾庆存是我国和国际数值天气预报及卫星气象遥感理论研究领域的杰出学者之一，他在回忆新中国成立初期由于气象事业落后导致的农业损失时，对此深有感触："我印象很深的有一件事，1954年的一场晚霜把河南40%的小麦冻死了，严重影响了当地的粮食产量。如果能提前预判天气，做好防范，肯定能减不少损失。我从小在田里长大，挨过饿，深有体会。"正是这种体会，激励曾庆存和新中国的大气科学工作者下决心攻克"数值天气预报"这座高峰，提高天气预报的准确性，增强人们战胜自然灾害的能力。

在党和国家的高度重视下，几代气象人结合我国实际，奋力追赶，取得了跨越式发展，成功应对一次又一次极端天气事件，有效化解了一个又一个气象灾害风险。今天，我国风云卫星是全球气象卫星监测网的骨干之一，也是空间与重大灾害国际宪章的值班卫星之一；我国的数值天气预报也已进入世界先进行列。

△ **工作中的曾庆存**

来自太空的召唤

南仁东

我们的祖先日出而作、日落而息，太空天象昭示他们种植、放牧与迁徙。太空是人类与自然交流的永恒话题，探索其神奇是人类与生俱有的天性。唐人王勃在《滕王阁序》中就曾书写过飞天的快乐："落霞与孤鹜齐飞，秋水共长天一色。"科技发展至今，各门学科在太空探索中交融并进，人类在空间探索中展示其求知欲和进取心，思索生命和文明的本质。

如果将地球生命36亿年的历史压缩为一年，那么在这一年中的最后一分钟诞生了地球文明，而在最后一秒钟人类才摆脱地球的束缚进入太空无垠的广袤。

短短半个世纪，有几百个太空飞行器由地球出发，在太阳系深空穿梭绕行；无以计数的地球卫星给地球套上了一个和土星差不多的光环；巨大的空间站已经成了真正的天上宫阙。太空科技的成就深刻地影响着人类生活的方方面面；利用卫星云图预测天气；从遥感数据库中去估算麦子的产量和水灾损失；在人迹罕至的角落通过卫星收看世界杯实况……现在，尽管人类已经习惯了太空科技带来的便利，但在万籁俱静的夜晚，当

第四章　崭新擘画

我们仰望天空时，仍不免会问：我们是谁？我们从哪里来？我们是否孤独？茫茫宇宙有没有我们的同类，地球之外有没有其他文明？

地外文明搜索也许永远没有音信，也许明天就会成功。一旦证实在地球之外还有生命甚至其他文明存在，它无疑将使人类重新认识自身在自然界中的位置。16世纪哥白尼用日心说取代地心说，神学的大厦崩塌，人类被踢出几何宇宙的中心，但他们还没离开生物宇宙的中心；地外文明的存在一旦被证实，新的一场革命将比哥白尼更透彻——人类及其文明是平凡平庸的，没有什么是独一无二的。

红色经典里的 中国精神

宇宙演化、生命起源、物质结构、意识本质，是人类探索的永恒课题。"在万籁俱静的夜晚，当我们仰望天空时，仍不免会问：我们是谁？我们从哪里来？我们是否孤独？"这是南仁东早年在《来自太空的召唤》中写下的文字，应该也是这位未来"中国天眼"的缔造者无数次凝望夜空时，在自己内心的发问。

1993 年，南仁东萌发了在中国建造超大口径射电望远镜的想法。他说："别人都有自己的大设备，我们没有，我挺想试一试。"就是这句话，开启了"中国天眼"从预研究到落成启用 22 年的艰辛历程。

在项目预研究阶段，经费有限，南仁东为节约经费，在市内办事从不打车，全靠自行车代步；去外地出差尽可能坐绿皮火车，在火车上过夜，下了火车就去办事，办完事当天乘火车返回，宁可自己奔波劳累，也要节省下交通、住宿费用。

当项目终于正式启动，面临的困难与挑战接踵而至：关键技术无先例可循，关键材料须自主攻关，核心技术遭遇封锁……南仁东和他所带领的团队硬是在重重困难中披荆斩棘闯出一条胜利之路。2016 年 9 月 26 日，具有中国自主知识产权的 500 米口径射电望远镜"中国天眼"落成启用。

被寄予厚望的"中国天眼"不负所托，在调试阶段就陆续发现新脉冲星，

△ 2010 年南仁东危岩考察

运行以来已发现数百颗脉冲星，成为国际瞩目的宇宙观测利器。2020年12月，在美国的大型射电望远镜坍塌后，中国宣布："中国天眼"从2021年起向全世界科学家开放。现在，"中国天眼"成为全球唯一的，也是人类共同拥有的瞭望宇宙的巨目。

△ 2013年南仁东在圈梁合龙时检查塔零件

"中国天眼"落成后一年，南仁东永远地离开了他热爱的这份事业。他进入了宇宙的无垠广袤，化作太空中那颗"南仁东星"，与他为之付出生命中三分之一光阴的"中国天眼"遥相守望。

△ 多波束（"中国天眼"的瞳孔）安装现场

红色经典里的*中国精神*

当好一块"平凡的砖瓦"[1]

谢家麟

在我 1955 年回国之初，有记者也问过我为什么要回国，我曾告他：我留学期间学到了一点点本领，留在美国工作只是"锦上添花"，而回到祖国则是"雪中送炭"。希望自己能对生我育我的祖国做出些贡献，乃是我们这代留学生的普遍心声。

众所周知，社会需要的是德才兼备的人才，而又以德为主。要做一个正直、正派的人。一个人没有成为伟大的人物是可以原谅的，因为这需要特殊的能力与机遇，但若没当好一块"平凡的砖瓦"却是不可原谅的，因为做一个有道德的、勤奋敬业的优秀公民是谁都应该而且可以做到的。

我是搞科学技术的，对科技自然有些偏爱，也深知科技对一个现代化强国的重要性，故此殷切地希望有更多的青年献身于此。

△ 1986 年 8 月，技术负责人谢家麟为北京正负电子对撞机上的第一块聚焦磁铁钉上标牌

---

[1] 节选自《我的人生旅途：写给青年人》。

第四章　崭新擘画

1988年10月16日，凝聚着中国几代高能物理学家梦想与心血的、在中国科学院高能物理研究所建造的北京正负电子对撞机（BEPC）首次实现束流对撞，宣告建造成功。这是中国高能物理发展史上的重要里程碑，《人民日报》报道这一成就时，称"这是我国继原子弹、氢弹爆炸成功、人造卫星上天之后，在高科技领域又一重大突破性成就"。

2011年度"国家最高科学技术奖"获得者谢家麟，1955年回到祖国参加新中国的建设，他的科研生涯也是新中国科技事业从"一张白纸"到迭创佳绩发展历程的缩影。他从北京正负电子对撞机开始设计到进行安装，一直担任技术负责人。这位带领团队创造了国际加速器建设史上的奇迹的科学家，在谈到自己的工作时曾经深情地说："我永远深信，一个科技工作者完成他的任务时的快慰和满足，实在是他能够得到的最大奖励了。"

▽ 北京正负电子对撞机国家实验室鸟瞰图

红色经典里的 *中国精神*

给女儿的一封信

王逸平

亲爱的辰辰：

　　自从你诞生在我们这个家庭的那一刻起，你就时刻牵动着爸妈的心。

　　我们希望你做一个踏实的人。不要轻视平凡的事，不要投机取巧，不要苛求自己做不到的事。用一颗善人善己之心，去对待身边的人和事。

　　要有一种坚韧的毅力和不断上进、持之以恒的精神，不向困难低头。要有一颗感恩的心，感恩父母的关爱，感恩老师的教诲，感恩同学的友情，感恩社会的帮助。

　　希望你成为一个健全的人、一个学有所成的人、一个富有感恩之心的人、一个对社会有用的人，你的健康成长就是对给予你爱的父母、老师、同学、社会的最好回报。

　　希望你成为一个全面发展的人，健康，快乐，成长每一天！

爸爸：王逸平，妈妈：方洁

2010 年 5 月 11 日

第四章　崭新擘画

在中华文化里，牛是勤劳、奉献、奋进、力量的象征。人们把为民服务、无私奉献比喻为孺子牛，把创新发展、攻坚克难比喻为拓荒牛，把艰苦奋斗、吃苦耐劳比喻为老黄牛。在中华民族伟大复兴的征程中，"为民服务孺子牛、创新发展拓荒牛、艰苦奋斗老黄牛"的三牛精神，成为一代代奋斗者的精神坐标。

"时代楷模"荣誉称号获得者王逸平，是一位在新药创制一线常年默默耕耘的典型代表。王逸平经常对学生说，在新药创制的路上，失败远比成功多，所以要"时刻提醒自己坚持'再战一个回合'，能够坚持'再战一个回合'的人，是不会被打垮的"。

然而，这位梦想解除亿万人病痛的科学家，自己却陷入一场与病魔旷日持久的鏖战——克罗恩病，一种截至目前尚无药可治的顽疾，深深缠上了他。那一年，他年仅30岁。在得知自己的病情后，他以几乎没有节假日的每天超过12小时的工作强度，与病魔争夺"再战一个回合"的时间，历经13年终于率领团队研制成功治疗心血管疾病的现代中药。这位坚强的斗士，虽然在与病魔的持久战中耗尽了自己的生命，但却在造福大众的新药创制战场赢得了胜利！

△ 2006年，工作中的王逸平

△ **王逸平对自己病程的记录**

红色经典里的 *中国精神*

你经历的每一天，都是只属于你的风景[1]

陈 冬

陈蔓琳同学：

你好！我是航天员陈冬。很高兴能在太空中阅读你的来信。给你回信的时候，舷窗外的夜空中挂满了星星。在太空中的星星没有大气层的阻隔，要比你们在地球上看到的还要亮。

在我和你一样年纪的时候，我曾和几个小伙伴躺在地上看夜空，发现有一个会动的亮点，我就好奇地问哥哥："那是流星吗？"哥哥告诉我那是卫星。从那天起，太空第一次闯进了我的世界。

高考的时候，飞行学院是我唯一填写的志愿。当我如愿考上之后，我才发现这条飞行员之路原来要经历超乎寻常的磨炼。我们要完成近100门课程，还要进行各种的体能训练，1万米的跑步都是家常便饭。

在我们的航天员大队有这么一句话：有一种生活，你没有

---

[1] 节选自中国载人航天工程办公室2022年7月22日公布的"带着我的梦想上天宫"活动首封航天员回信。

第四章 崭新擘画

经历过，就不知道其中的艰辛；有一种艰辛，你没有体会过，就不知道其中的真谛；有一种真谛，你没有拥有过，就不知道其中的快乐。我希望你也能在自己选择的道路上，从艰辛中体会真谛，在前行中找到快乐。

在我们身后是无数航天工作者默默的奉献、守护和托举，他们不求名利，舍家为国，常年扎根在茫茫戈壁。你在信中说航天是一幅画卷，那么我想告诉你，中国载人航天浓墨重彩的每一笔，都是我们伟大的祖国，我们一代又一代的奋斗者，我们全国100多个行业、3000多个单位、几十万科技大军团结协作，攻坚克难写下的。

25年前，香港回归祖国的怀抱。虽然那时你还没有出生，无法感受当时人们庆祝香港回归的振奋与喜悦，但今天的你可以和祖国的每一个孩子一样，有梦想，有热爱，感受着生活和成长的喜悦。生活就像天空一样，不都是艳阳天，但也因为有阳光、雨水、风雪、雷电，才有色彩丰富的天空。你经历的每一天，都是只属于你的宝贵风景。

置身群星之间，遥望祖国臂弯里东方明珠灯光璀璨、熠熠生辉。送上来自太空的祝福，愿你不负韶华，勇敢追梦，未来的每一天都像太空的星星一样闪闪发光，为美丽的祖国，为美丽的香港贡献属于你们的光和热。

祝愿你学业顺利、生活幸福、茁壮成长。

陈冬

2022年7月22日

红色经典里的*中国精神*

这是 2022 年 7 月航天员陈冬在中国空间站写给香港学生陈蔓琳的回信，也是在香港回归祖国 25 周年之际，中国航天员送给香港的一份来自太空的祝福。

2016 年，中国航天事业创建 60 周年之际，载人航天空间实验室飞行任务也拉开大幕。2016 年 9 月 15 日，"天宫二号"空间实验室在"长征二号"FT2 火箭的托举下飞入太空，这是中国第一个真正意义上的太空实验室，载人航天事业进入了应用发展的新阶段。

2016 年 10 月 17 日，"神舟十一号"飞船载着航天员景海鹏、陈冬搭乘"长征二号"F 遥十一火箭冲入太空。19 日凌晨，"神舟十一号"与"天宫二号"空间实验室交会对接。

△ "神舟十一号"航天员景海鹏、陈冬（李晋/摄）

"神舟十一号"载人飞船在轨飞行 33 天，组合体飞行期间，相继开展了一系列体现国际科学前沿和高新技术发展方向的空间科学与应用任务。

2017 年 4 月 20 日，我国第一艘货运飞船"天舟一号"出征太空，验证了货物补给、推进剂在轨补加等一系列关键技术，"天舟"货运飞船与"长征七号"运载火箭组成的空间站货物运输系统，使得我国空间站建设具备了基本条件。至此，空间实验室阶段任务完美收官！

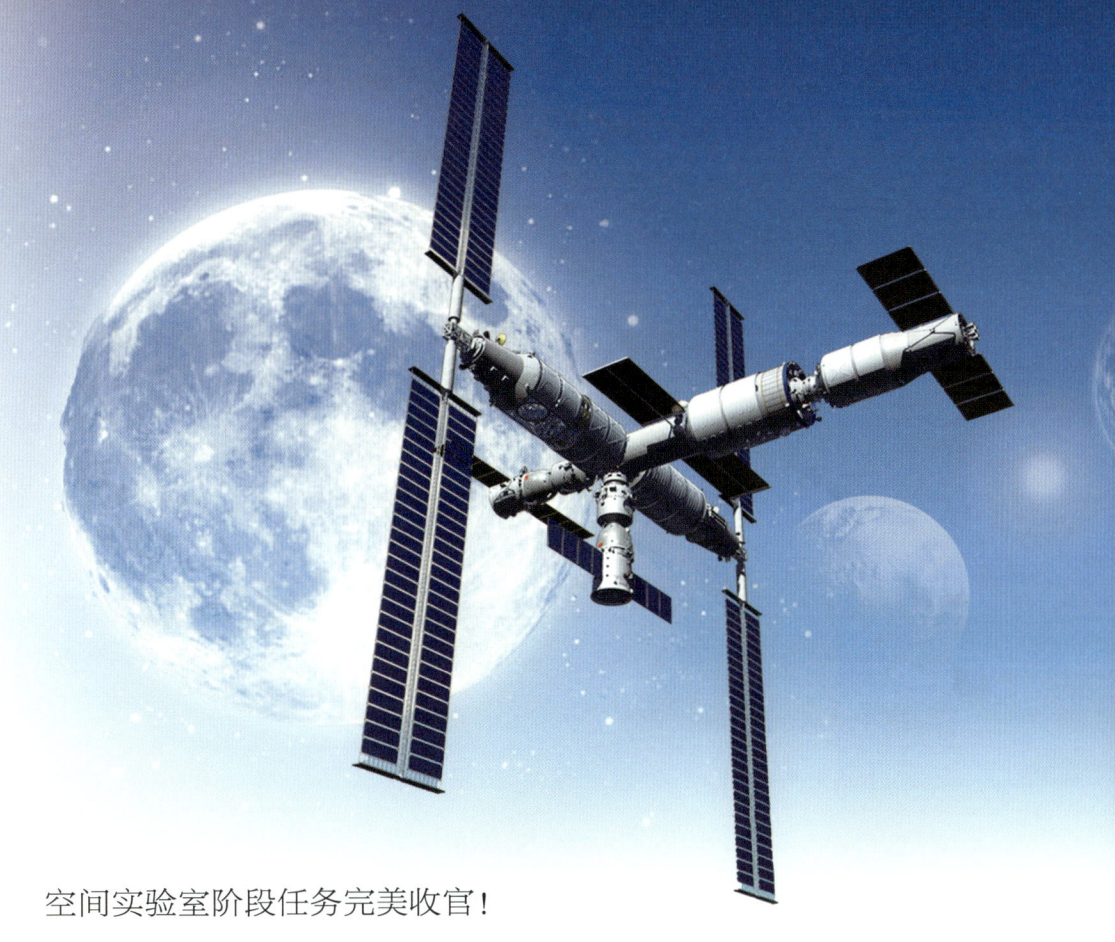

　　2020年5月5日，"长征五号"B运载火箭在海南文昌首飞成功，正式拉开我国载人航天工程"第三步"建造空间站任务的序幕。2021年4月29日，"天宫"空间站"天和"核心舱成功发射。2022年11月，中国空间站三舱形成平衡对称的"T"字构型，具有里程碑意义的"合体"顺利完成。2021年6月至今，"神舟"系列载人飞船顺利将多批次航天员送入太空，中国空间站步入有人长期驻留时代。

　　中国航天事业从零起步，在短短几十年时间里，把鲜艳的五星红旗一次次展开在浩渺无垠的宇宙空间，让中国精神闪耀在太空深处。未来，中国将与世界各国一起，共同推动载人航天技术发展，为和平利用太空、造福全人类做出更加积极的贡献！

红色经典里的 中国精神

中国人将"不可能"变成了"可能"

孙家栋

爱国，对于我们航天人来讲，就表现在要爱航天，爱航天就是要把航天的事业办成。国家需要，我就去做！这是一个航天人最基本也是最重要的素质。

1967年，钱学森受命组建卫星研制队伍，我被抽调到卫星研制这边，负责我国第一颗人造地球卫星"东方红一号"的总体技术统筹。

"东方红一号"的任务目标被浓缩为12个字：上得去，抓得住，看得着，听得见。

上得去，就是用火箭把卫星送上天。

抓得住，就是卫星上天后必须要能与地面站互动，既能向地面站发送信号，也能接收信号。也就是说，卫星在天上是一个活体，而不是一个铁疙瘩。

△"东方红一号"人造地球卫星

第四章 崭新擘画

看得着，就是要让地面上的人能看见卫星。为此，"东方红一号"被设计成一个72面体，并在卫星周围加了一个"闪光体围裙"，当脱离火箭时，"围裙"也随之脱落，闪闪发光。

听得见，就是要让地面上的人能听见卫星。在"东方红一号"传回地球的信号中，有8小节《东方红》乐曲的旋律，而《东方红》正是红色中国的象征。

△ 1970年年初，科研人员在厂房内测试"东方红一号"人造地球卫星

1970年4月24日，"东方红一号"升空，这足以对当时敌视中国的某些国家形成战略威慑。其实，当中国人在西北大漠里竖起第一座发射架时，西方一些发达国家认为，那是开玩笑；当中国人用运行速度只有每秒几十万次的老式计算机编制地球同步卫星轨道程序时，洋专家又断言：不可能！但是，中国人就是将"不可能"变成了"可能"！

红色经典里的 中国精神

　　2016年3月8日，国务院批复同意将每年4月24日设立为"中国航天日"，这个日子也是我国第一颗人造地球卫星"东方红一号"发射升空的日子。

　　1967年，年仅38岁的孙家栋被钱学森点将，成为"东方红一号"的技术总负责人。在孙家栋和广大参研参试人员的不懈努力下，仅仅经过两年多时间，中国就成为世界上第五个能够自主发射人造地球卫星的国家。

　　从那时起，孙家栋在每次国家需要的时刻，都义无反顾承担起那份沉甸甸的责任。

　　2004年，我国正式启动探月工程，年逾七旬的孙家栋挂帅出征，担任总设计师。2007年11月26日，"嫦娥一号"卫星成功传回第一张月面图片。2020年12月，"嫦娥五号"返

第四章　崭新擘画

回器携带月球样品返回地球，探月工程"三步走"任务完美收官。

孙家栋牵头研制了一系列卫星，在中国卫星中，有三分之一来自他担任技术负责人、总设计师或工程总设计师的团队。2020年7月31日，"北斗三号"全球卫星导航系统正式开通，北斗导航系统面向全球提供服务，中国北斗开始为世界导航。

孙家栋曾说："航天事业是千人、万人我们大家共同劳动的成果。"这位"共和国勋章"获得者的科研人生，是中国走向航天强国的时代缩影，是对载人航天精神、探月精神、新时代北斗精神的最好诠释。

星辰大海，征途漫漫，探索永无止境！

红色经典里的 中国精神

让杂交水稻覆盖全球[1]

袁隆平

我有两个梦，一个是"禾下乘凉梦"，另一个是"杂交稻覆盖全球梦"。"杂交稻覆盖全球梦"怎么实现？要靠开发好品种，让好种子走出国门。目前，世界一半以上的人口、中国60%以上的人口以稻米为主食。可以自豪地说，中国的杂交稻在世界上具有绝对优势，遥遥领先。

科技进步需要开放的眼界和走出去的胆识。圆"杂交稻覆盖全球梦"，一要推进改革开放，把我们的好品种拿出去，不要保守；二要扶持我们的种业，国家给予优惠政策，让国内的种业企业走出去与国外企业交流过招，锻炼、壮大自己。"杂交稻覆盖全球梦"既能为世界粮食安全做出贡献，又能大大提高我国的国际地位。

梦想能否成真，终归要看科学技术的发展。未来，当全球人口达到百亿人的时候，解决粮食问题也许要靠人造食物：用水、阳光、二氧化碳加上人工光合作用来制造食物。科学技术改变着人类社会面貌，推动着人类文明进步，塑造着人类生产生活形态，更新着人类思维方式，我们要相信并敬畏科学的力量，中国的科学家要不断攀登世界科学高峰！

---

[1] 节选自《梦想靠科学实现》。

第四章　崭新擘画

杂交水稻是我国首创的重大科技成果。1980年，杂交水稻技术作为新中国成立以来的第一项农业技术转让美国，引起了国际社会的广泛关注。20世纪90年代初，联合国粮农组织将推广杂交水稻列为世界产稻国提高粮食产量、解决粮食短缺问题的首选战略措施。

"杂交水稻覆盖全球梦"是"共和国勋章"获得者袁隆平院士的伟大梦想。他一直致力于"发展杂交水稻、造福世界人民"，多次前往印度、孟加拉国、越南、菲律宾、美国等十多个国家指导和传授杂交水稻技术。他的目标是让中国杂交水稻覆盖全球一半的稻田，增产的粮食每年可以多养活4亿~5亿人口。杂交水稻成为我国农业"走出去"和服务"一带一路"倡议的一项重要内容，成为我国向世界展示大国责任的一个重要标志。

不仅是杂交水稻，在"一带一路"沿线国家，以"和平合作、开放包容、互学互鉴、互利共赢"为核心的丝路精神孕育的文化精品、科技成果惠及世界人民：为全球导航的中国北斗，为世界提速的中国高铁，点亮世界的中国核电……谱写着中国在创造人类文明新形态征程上的华彩篇章！

▽ 超级杂交稻

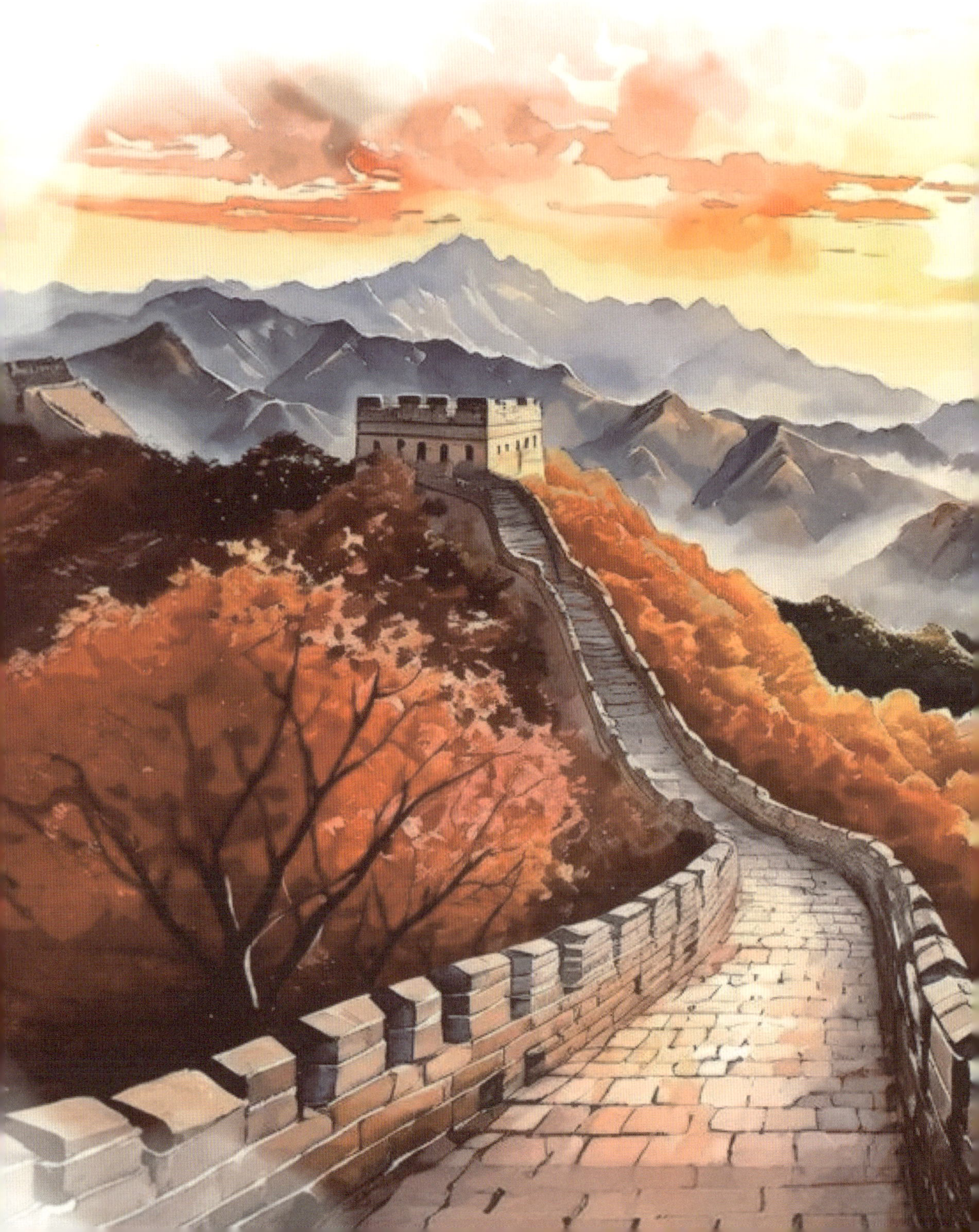

附录

中国精神

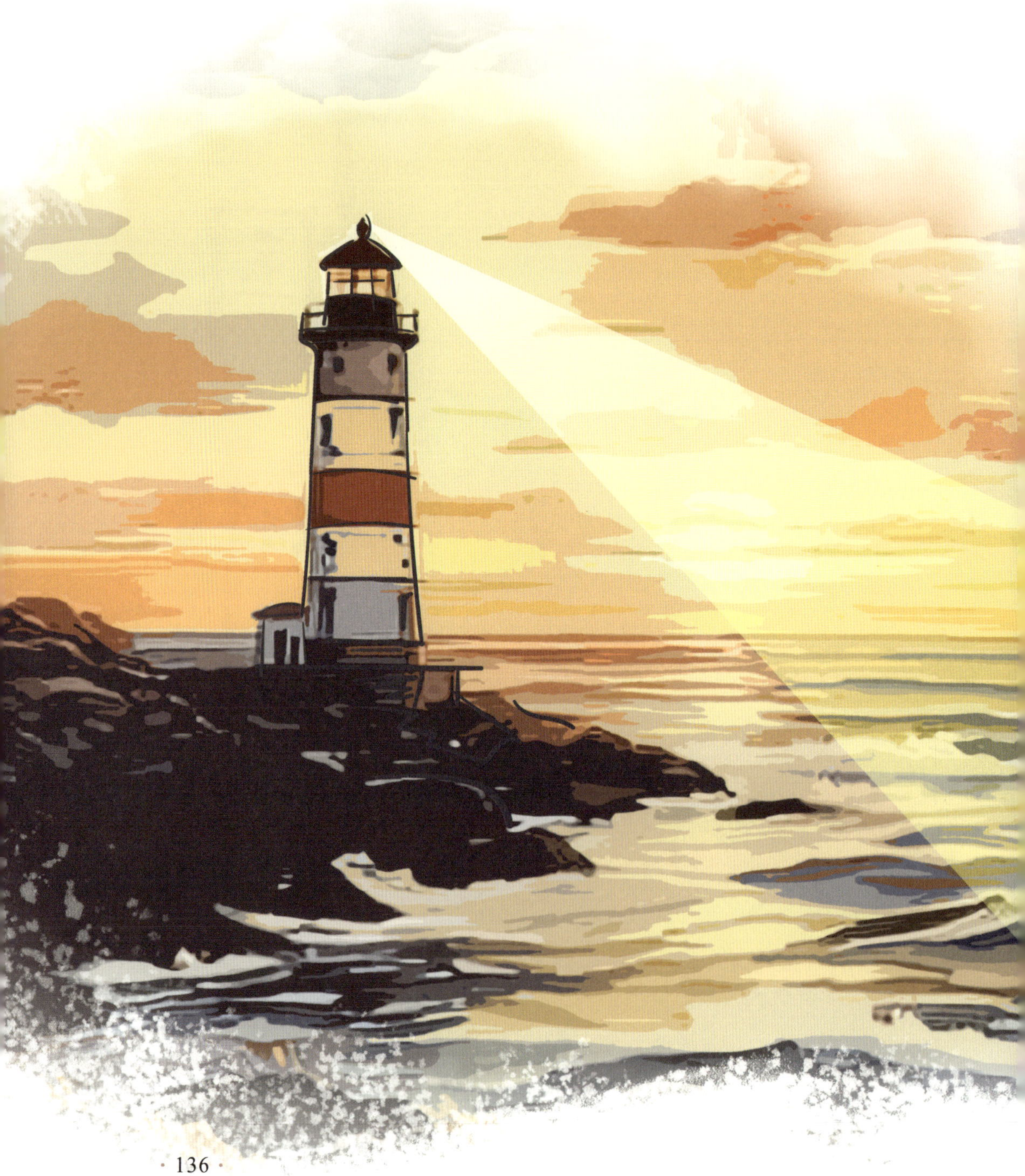

伟大建党
精神

坚持真理、坚守理想,践行初心、担当使命
不怕牺牲、英勇斗争,对党忠诚、不负人民

井冈山精神

坚定信念、艰苦奋斗
实事求是、敢闯新路
依靠群众、勇于胜利

苏区 精神

坚定信念、求真务实、一心为民
清正廉洁、艰苦奋斗、争创一流、无私奉献

吃水不忘挖井人
时刻想念毛主席

长征精神

把全国人民和中华民族的根本利益看得高于一切，坚定革命的理想和信念，坚信正义事业必然胜利的精神；为了救国救民，不怕任何艰难险阻，不惜付出一切牺牲的精神；坚持独立自主、实事求是，一切从实际出发的精神；顾全大局、严守纪律、紧密团结的精神；紧紧依靠人民群众，同人民群众生死相依、患难与共、艰苦奋斗的精神。

遵义会议精神

坚定信念、实事求是、独立自主、敢闯新路、民主团结

延安 精神

坚定正确的政治方向、解放思想实事求是的思想路线、全心全意为人民服务的根本宗旨、自力更生艰苦奋斗的创业精神。

抗日民族统一战线

抗战 精神

天下兴亡、匹夫有责的爱国情怀，视死如归、宁死不屈的民族气节
不畏强暴、血战到底的英雄气概，百折不挠、坚忍不拔的必胜信念

红岩
精神

坚如磐石的理想信念
和衷共济的爱国情怀
不折不挠的凛然斗志
坚贞不屈的浩然正气

西柏坡精神

谦虚谨慎、艰苦奋斗的精神
敢于斗争、敢于胜利的精神
依靠群众、团结统一的精神

照金精神

忠诚于党的坚定信念
顽强斗争的英雄气概
扎根群众的工作作风

东北抗联精神

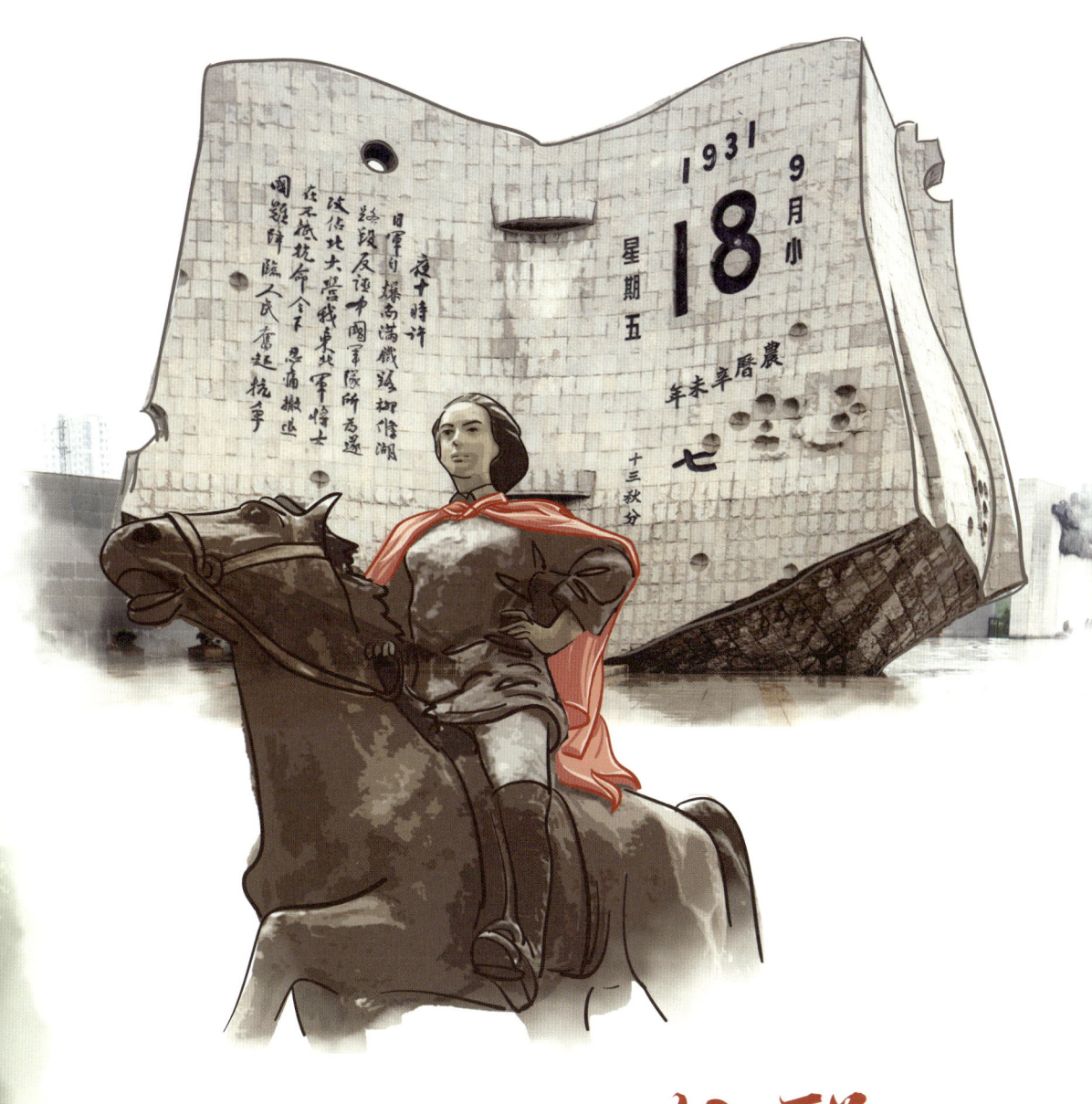

坚定的信仰信念、高尚的爱国情操、伟大的牺牲精神

南泥湾精神

自力更生、艰苦奋斗

太行精神 光耀千秋

太行精神

不怕牺牲、不畏艰险，百折不挠、艰苦奋斗
万众一心、敢于胜利，英勇奋斗、无私奉献

大别山 精神

坚守信念、胸怀全局
团结奋进、勇当前锋

沂蒙精神

党群同心、军民情深
水乳交融、生死与共

老区精神

爱党信党、坚定不移的理想信念
舍生忘死、无私奉献的博大胸怀
不屈不挠、敢于胜利的英雄气概
自强不息、艰苦奋斗的顽强斗志
求真务实、开拓创新的科学态度
鱼水情深、生死相依的光荣传统

为人民服务

张思德 精神

全心全意为人民服务

抗美援朝精神

祖国和人民利益高于一切、为了祖国和民族的尊严而奋不顾身的爱国主义精神，英勇顽强、舍生忘死的革命英雄主义精神，不畏艰难困苦、始终保持高昂士气的革命乐观主义精神，为完成祖国和人民赋予的使命慷慨奉献自己一切的革命忠诚精神，为了人类和平与正义事业而奋斗的国际主义精神。

人民日报号外

我国第一颗原子弹爆炸成功

"两弹一星"精神

热爱祖国、无私奉献
自力更生、艰苦奋斗
大力协同、勇于登攀

雷锋精神

热爱党、热爱祖国、热爱社会主义的崇高理想和坚定信念；服务人民、助人为乐的奉献精神；干一行爱一行、专一行精一行的敬业精神；锐意进取、自强不息的创新精神；艰苦奋斗、勤俭节约的创业精神。

焦裕禄精神

亲民爱民、艰苦奋斗、科学求实、迎难而上、无私奉献

大庆油田

大庆精神

爱国、创业、求实、奉献

红旗渠
精神

自力更生、艰苦创业
团结协作、无私奉献

北大荒精神

艰苦奋斗、勇于开拓
顾全大局、无私奉献

塞罕坝精神

牢记使命、艰苦创业、绿色发展

"两路"精神

一不怕苦、二不怕死
顽强拼搏、甘当路石
军民一家、民族团结

老西藏精神

特别能吃苦
特别能战斗
特别能忍耐
特别能团结
特别能奉献

西迁精神

胸怀大局、无私奉献、弘扬传统、艰苦创业

我要一不怕苦、二不怕死，做一个大无畏的人。

王杰 精神

一不怕苦、二不怕死

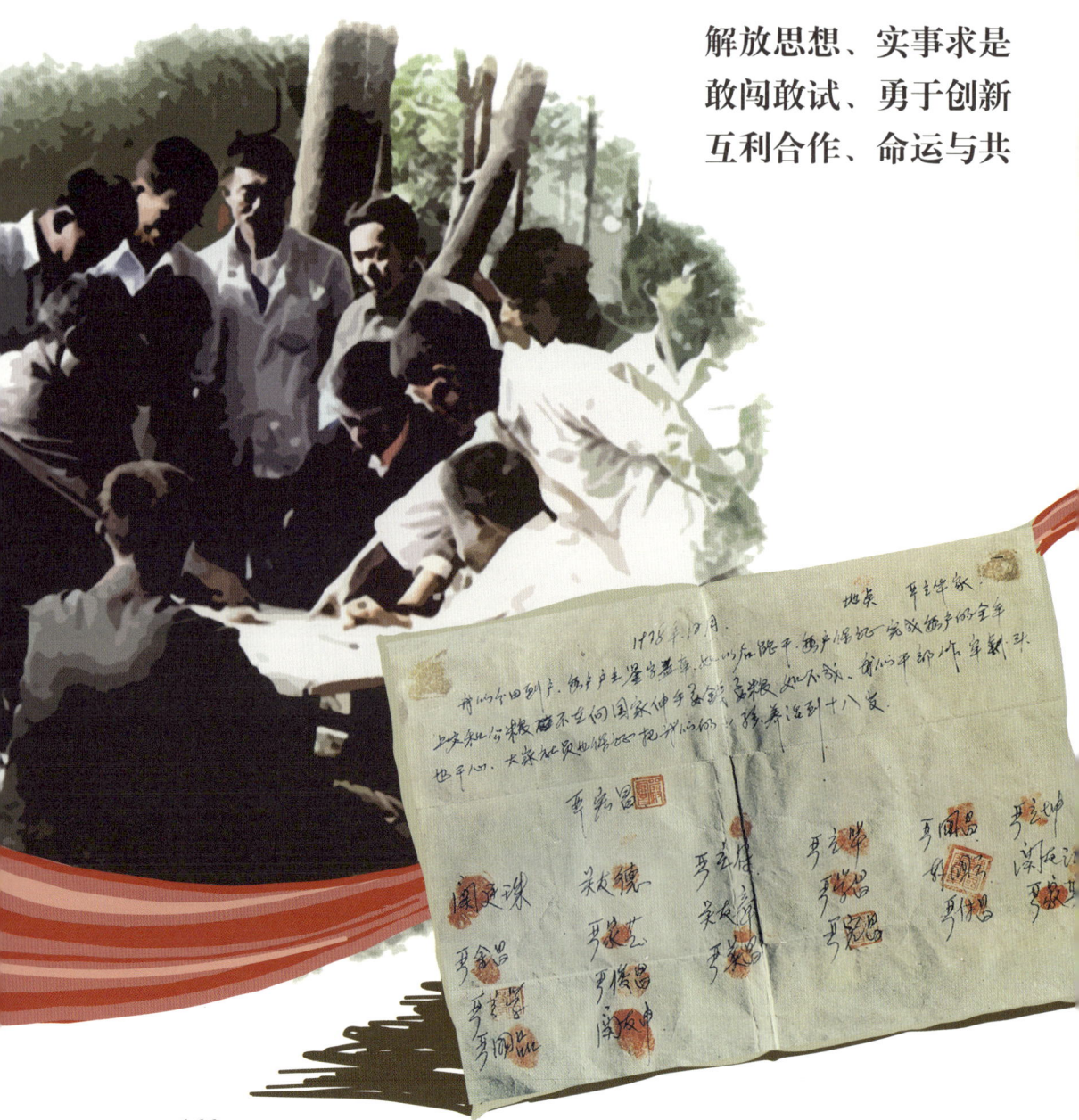

改革开放精神

解放思想、实事求是
敢闯敢试、勇于创新
互利合作、命运与共

春天的故事

特区精神

敢闯敢试、敢为人先、埋头苦干

抗洪精神

万众一心、众志成城
不怕困难、顽强拼搏
坚韧不拔、敢于胜利

抗击非典精神

万众一心、众志成城
团结互助、和衷共济
迎难而上、敢于胜利

抗震救灾精神

万众一心、众志成城
不畏艰险、百折不挠
以人为本、尊重科学

今天我们都是汶川人

载人航天精神

**特别能吃苦、特别能战斗
特别能攻关、特别能奉献**

劳模 精神

爱岗敬业、争创一流
艰苦奋斗、勇于创新
淡泊名利、甘于奉献

社会主义是干出来的

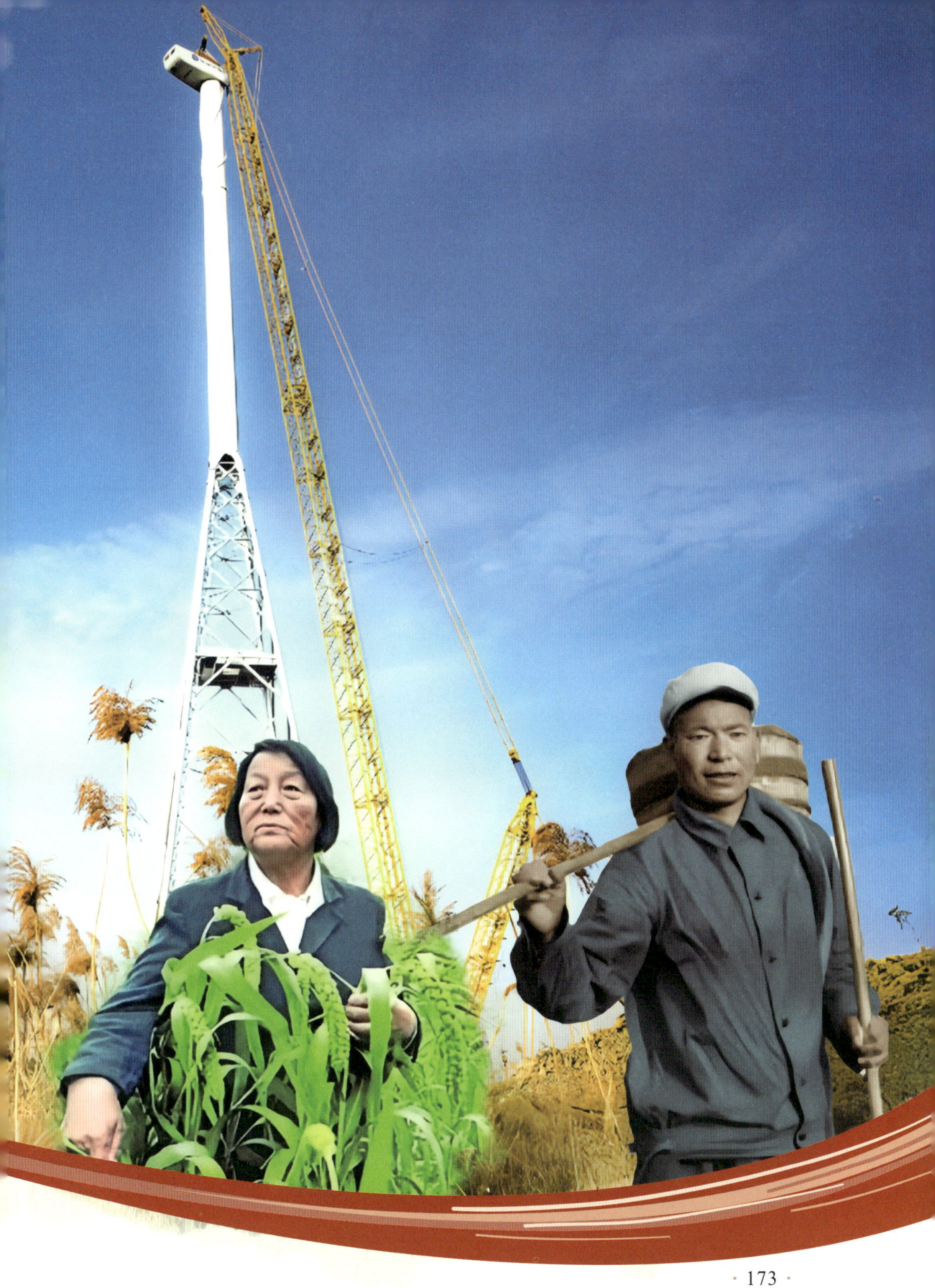

格尔木站
青藏铁路通车庆祝大会

青藏铁路精神

挑战极限、勇创一流

女排精神

祖国至上、团结协作
顽强拼搏、永不言败

脱贫攻坚
精神

上下同心、尽锐出战、精准务实
开拓创新、攻坚克难、不负人民

抗疫精神

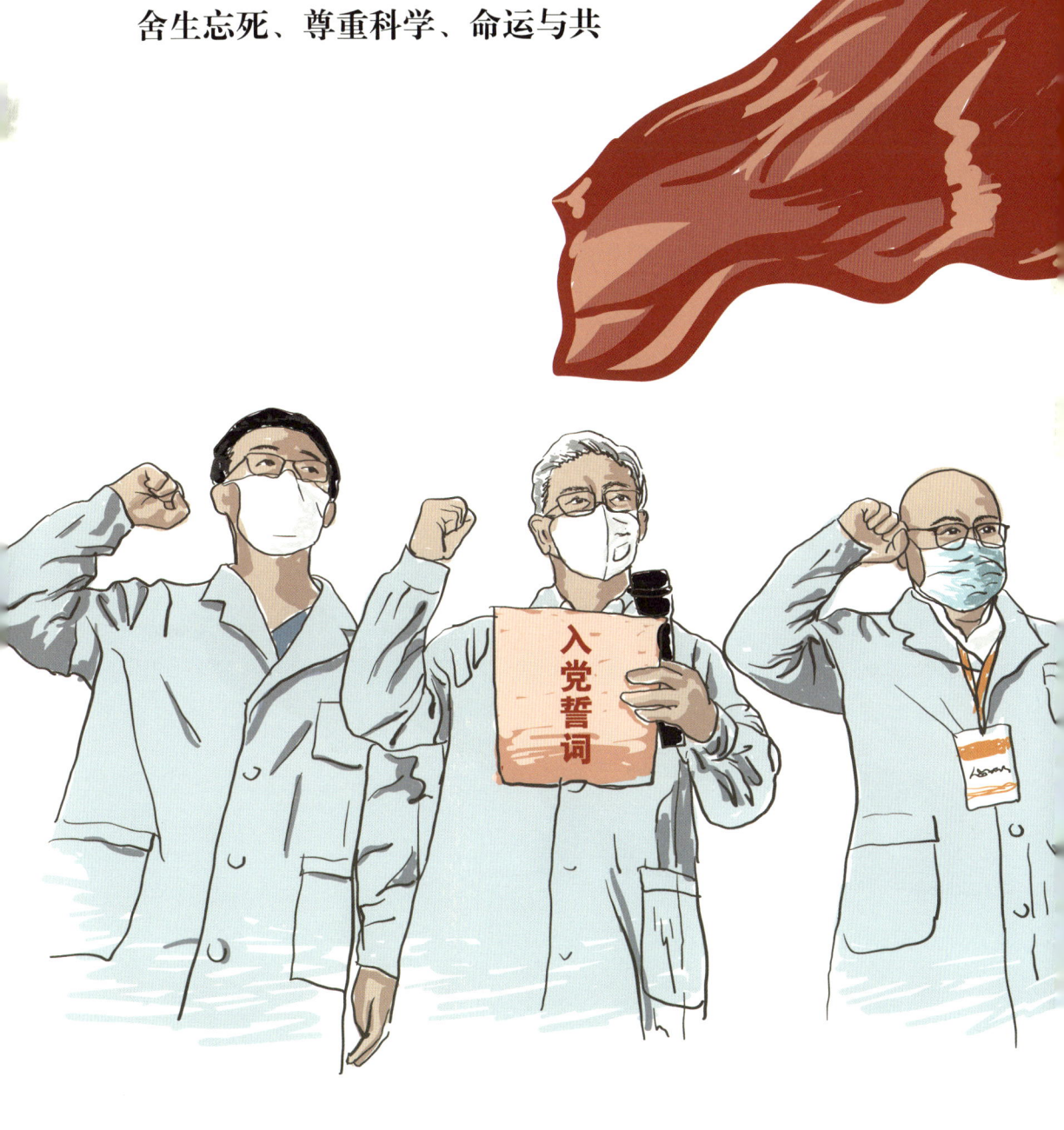

生命至上、举国同心
舍生忘死、尊重科学、命运与共

"三牛"精神

为民服务孺子牛
创新发展拓荒牛
艰苦奋斗老黄牛

科学家精神

胸怀祖国、服务人民的爱国精神
勇攀高峰、敢为人先的创新精神
追求真理、严谨治学的求实精神
淡泊名利、潜心研究的奉献精神
集智攻关、团结协作的协同精神
甘为人梯、奖掖后学的育人精神

企业家 精神

增强爱国情怀
勇于创新、诚信守法
承担社会责任、拓展国际视野

探月 精神

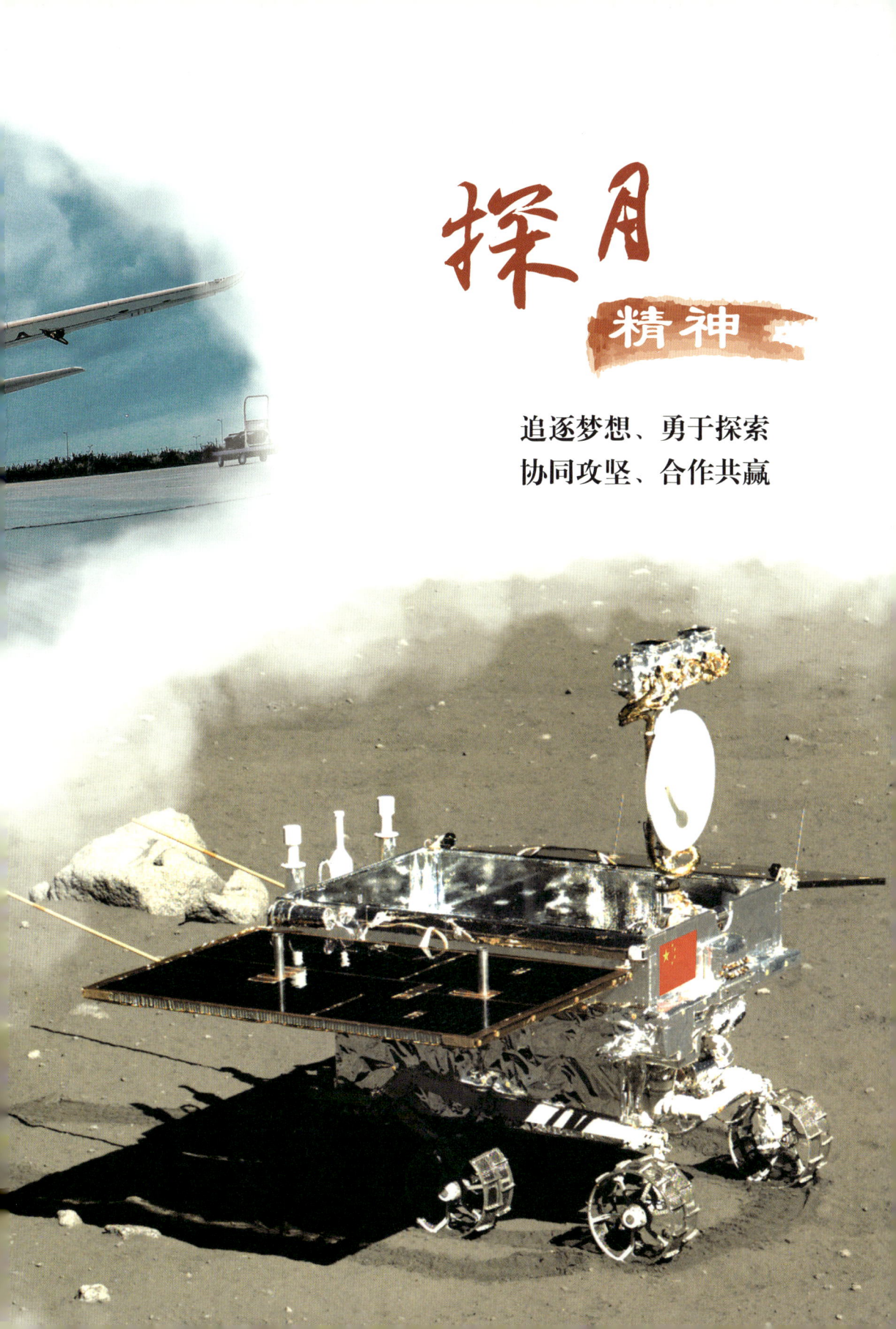

追逐梦想、勇于探索
协同攻坚、合作共赢

新时代北斗精神

自主创新、开放融合
万众一心、追求卓越

丝路精神

和平合作、开放包容
互学互鉴、互利共赢

图书在版编目(CIP)数据

红色经典里的中国精神 / 中国科学技术协会组编. -- 北京：中国科学技术出版社，2025.5. -- ISBN 978-7-5236-1296-5

Ⅰ.K826.1-49

中国国家版本馆 CIP 数据核字第 2025EW2247 号

策划编辑	宗泳杉　郑洪炜
责任编辑	郑洪炜　宗泳杉
封面设计	中文天地
正文设计	中文天地
美术创意	尚町文化传播（北京）有限公司　丁　蓓
绘　　图	尚町文化传播（北京）有限公司　丁　蓓
责任校对	吕传新
责任印制	马宇晨

出　　版	中国科学技术出版社
发　　行	中国科学技术出版社有限公司
地　　址	北京市海淀区中关村南大街 16 号
邮　　编	100081
发行电话	010-62173865
传　　真	010-62173081
网　　址	http://www.cspbooks.com.cn

开　　本	710mm×1000mm　1/16
字　　数	132 千字
印　　张	12.25
版　　次	2025 年 5 月第 1 版
印　　次	2025 年 5 月第 1 次印刷
印　　刷	北京顶佳世纪印刷有限公司
书　　号	ISBN 978-7-5236-1296-5 / K・468
定　　价	68.00 元

（凡购买本社图书，如有缺页、倒页、脱页者，本社销售中心负责调换）